思想觀念的帶動者

文化現象的觀察者

本土經驗的整理者

生命故事的關懷者

心靈工坊 PsyGarden

Holistic

探索身體，追求智性，呼喊靈性

攀向更高遠的意義與價值

是幸福，是恩典，更是內在心靈的基本需求

企求穿越回歸眞我的旅程

走向世界的愚者

從坎伯英雄旅程
解讀塔羅圖像
創造你的神話

解開塔羅與人生的黃金交叉
譜寫你的英雄史詩

王乙甯
著

目錄

—推薦序1—未知大地中指引前進的羅盤／蔡怡佳 10
—推薦序2—享受每個選擇背後的豐盛意義／何佳瑞 13
—推薦序3—樹立塔羅解牌新典範／鐘穎 16
—推薦序4—最偉大的英雄之旅，最平凡的日常修煉／林晴晴 20
—導言—讓塔羅占卜幫助你成為生命的英雄 24

第一部　塔羅大祕牌裡的英雄旅程 29

1. 英雄神話與偉特塔羅大祕牌 31

故事與意義 31

英雄神話的歷險結構 33

偉特大祕牌裡的英雄旅程 36
為何使用偉特塔羅牌？ 39

2. 占卜自己的英雄神話 43

為何要用英雄神話進行塔羅占卜？ 43
英雄神話的占卜方法 45
塔羅愚者的十二階段英雄旅程 47

第二部　愚者的英雄旅程 53

1. 第一站：平凡世界 55

0.愚者 55

2. 第二站：冒險的召喚 65

I.魔術師 69
II.女祭司 77

3. 第三站：拒絕召喚 87
Ⅲ. 皇后 91
Ⅳ. 皇帝 99
4. 第四站：遇見導師 106
Ⅴ. 教皇 109
Ⅵ. 戀人 117
5. 第五站：跨越第一道門檻 126
Ⅶ. 戰車 129
Ⅷ. 力量 137
6. 第六站：試煉之路 146
Ⅸ. 隱士 149
Ⅹ. 命運之輪 157

7. 第七站：逼近洞穴深處 165
XI. 正義 168
XII. 倒吊人 176
8. 第八站：苦難折磨 185
XIII. 死神 188
XIV. 節制 196
9. 第九站：獲得寶藏 205
XV. 惡魔 208
XVI. 高塔 216
10. 第十站：踏上回歸道路 225
XVII. 星星 229
XVIII. 月亮 237

11. 第十一站：復甦 245
XIX. 太陽 248
XX. 審判 256
12. 第十二站：帶著解藥回歸 264
XXI. 世界 264
一結語一英雄旅程尚未結束：倒吊人與愚者的當頭棒喝 273
一附錄一偉特塔羅大祕牌彩圖 278

推薦序1

未知大地中指引前進的羅盤

蔡怡佳／輔仁大學宗教學系教授

「我們再來會怎麼樣？」

「再來？再來嘛，從今往後，沒有人知道。未知的大地在我們眼前展開，冒險的開始不都是這樣的嗎？」

「誰知道啊！」

「不知道要去哪裡。人生沒有地圖。即使如此，我們還是要繼續前進。」

「會迷路的！」

「不用擔心，就算不知道終點在哪裡，還是看得到下一站。下一站是腰越。再下一站，是鎌倉高中前。再下一站呢？」

「七里濱。」

「再來呢？」

「稻村崎、極樂寺、長谷、由比濱、和田塚、鎌倉……」

這是日劇《慢行列車》中姊姊與尚未成年的弟弟妹妹在參加父母親的喪禮後，捧著骨灰，坐在列車上的對話。頓失依靠的三個人，要如何往前走？在閱讀《走向世界的愚者》時，我想到了《慢行列車》中的這個場景與對話。即使不是遭逢巨變，人生路要如何往前走仍是所有人都會有的困惑。這個困惑是人們求問於占卜時的起點，也是塔羅牌要回應的根本處境。在《走向世界的愚者》中，乙甯將塔羅的占卜與坎伯的英雄旅程結合，為塔羅對這個根本處境的回應提出了新的可能性。這是這本書獨特的視野。

當乙甯把塔羅牌重新放在「英雄旅程」的意義視框當中時，塔羅從「占卜未來」變身成為「應對現在」的策略。乙甯希望「英雄旅程」所提供的生命成長的視野，可以「將塔羅占卜轉變為個人的英雄敘事，使生活中發生的每件事都可以成為有意義的英雄考驗，並讓自己成為活出生命意義的英雄」。乙甯在書中以英雄旅程標示一個又一個的「下一站」，為求問者心中的迷惑提供意義的羅盤。於是，在面對如何前進的人生問題時，即使未能看到終點，仍然「看得到下一站」。

這個設置將塔羅的運用從「指出事態的動向」移置到占問者「內在意義地圖的開展」，是乙甯從碩士到博士的求學過程中一貫的關切。《走向世界的愚者》是乙甯博士論文完成後的第一本塔羅專書，從書中可以看到她如何將這樣的關切進一步以深刻又親切的方式，轉化為塔羅運用，提出嶄新的視野。當占卜道斷式的語言變為意義的探索時，也讓塔羅從專家的指示拓展為意義探求的對話。因此，本書不是傳統塔羅書關於牌意解釋的自助手冊，也不再只是專家語言的學習，而是對話的開啟與意義的探尋。這個「轉變」對當代的塔羅文化來說有很重要的價值與意義。

乙甯在本書結語中仿效榮格的易經占卜，與塔羅對話。榮格詢問《易經》在西方開展的命運，乙甯則詢問塔羅未來開展的樣貌。這些關於「再來會怎樣？」的問題是占卜式提問的「占問」，在本書意義框視的擴展中則成為探求意義的對話。在乙甯的「占問」中，意義探求的主體既是塔羅自身，也是與塔羅同工多年的乙甯。這個對話以雙主體的樣態開展，說明了主體從來不是單數或是單向的狀態。乙甯在常年思索塔羅的可能性時，看見了這是一個關於雙重主體的議題。塔羅既是回應者、對話者，塔羅自身也是向著未知前進的「英雄」。這樣的對話是以塔羅回答關於塔羅自身的未來。若以這樣的角度來理解占問者，也可以說占問者在與塔羅對話的歷程中，以內在意義的地圖回應了自身的困惑。在這個塔羅的嶄新運用中，塔羅不再只是「指出明路」的占卜工具，而是自我與自我得以開啟對話的重要伙伴。相對於傳統占卜語言對於事態發展的斷定，對話意味著對於未知的開放，容讓意義為占問者所置身的處境指出定錨的所在，以提供面對未知的勇氣。「未知的大地在我們眼前展開，冒險的開始不都是這樣的嗎？」願打開本書的讀者將能夠透過塔羅的同行找到內在的意義羅盤，繼續前進。

—推薦序2—

享受每個選擇背後的豐盛意義

何佳瑞／輔仁大學品牌與時尚經營管理碩士學位學程、全人教育課程中心合聘教授

自我走出，再自我尋回的歷程，是一個英雄的旅程。作者引用坎伯所言，指出英雄是「可以戰勝一般人普遍受限的地域與歷史侷限的人。」然而，一般人何止受限於地域、環境與歷史？一般人還在地域與歷史的條件下自我綑綁，面對命運束手就擒。所以，一個英雄，首先要自我走出，接受召喚，歷經磨難與挑戰，最後回歸那個最真實也最美好的自己。誰，勇敢地去完成這樣一種自我走出，再自我尋回的歷程，他／她就是自己生命旅程的英雄。

在王乙甯老師手中的塔羅占卜，不用「是」或「不是」、「可」或「不可」這種近乎粗暴的一種簡單答案來預測人的未來命運，她用塔羅牌的象徵圖像，把每一個求問者帶到了生命的現在和當下，用穿透圖像象徵意義的眼睛，揭露未來的無限可能性。是

的，未來不是既定的命運，而是我們透過敘事、詮釋與意義所開展出來的無限可能性。敘事、詮釋與意義是我們手中的寶劍，一把可以斬開迷霧，斬斷束縛的寶劍，幫助我們在面對未來時選擇一個最佳的可能性。塔羅占卜就是這樣的一個媒介，在占卜的過程中，我們有了一個可以重新自我敘事，重新為自己的境遇給出意義的契機。

在這裡，我想多談一談「意義」這個概念，也是我讀後的心得。意義治療的創始人法蘭克（Viktor Frankl）曾指出，人是追求意義的存有。意義的賦予，是人最珍貴的能力之一。只按照本能生活的動物，不會追索意義，也不需要，因為動物眼前沒有什麼可以開展的可能性。所以，只有動物才會有一種「命定的」命運，因為它們的命運「不可更動地」被各種偶然性擺布。然而，這樣的命運是沒有重量的，動物不用選擇，也不會後悔，牠們沒有「故事」。人的命運卻是有重量的，他們寫著自己的故事，每一次的落筆，都必須承擔起生命的重量，這個重量是由自由所賦予，再由意義所累積。

因為自由，人得以選擇，並且必須承擔選擇的後果。如果沒有選擇，便沒有負擔，也無所謂重量。所以說，重量是自由所賦予的。既然人有一種命運的重量需要承擔，那承擔的重量會是什麼呢？我想，多數的人會說，承擔的東西是後果。正因為害怕後果，人們才想要占卜。然而，當回顧《走向世界的愚者》這本書時，我開始重新思考這個問題。因為英雄如果在每一個挑戰和困境中，都可以做出不悔的選擇，那麼，後果還能綑綁住他／她嗎？英雄在對自我清晰的認識之下，在對處境的徹底洞察當中，做出一個

「屬己的」決定，他／她都在意義當中欣然地承擔起這個選擇及其後果。此時，他們早已不在乎後果，而是在享受這個選擇背後所賦予的深刻意義。也因為如此，生命的重量再也不是負荷，而是人得以享受的一種豐盛！

冒險者們！你們的起點也許是愚者，但你們可以決定到了終點之時是否成為英雄。這樣的旅程，豈不令人心嚮往之？《走向世界的愚者》這本書，不僅是一本教會人們自我療癒的書籍，更是一本幫助讀者通向自我成長、理解生命意義的書籍。

推薦序3

樹立塔羅解牌新典範

鐘穎／心理學作家、愛智者書寫經營者

這本書提供了一個全新的解讀典範，光是閱讀就會帶來療癒。任何一位投身於內在工作的讀者，都很容易從乙甯老師的說明中找到自己正處於英雄旅程的哪個階段，正遇上什麼困境，曾做過什麼回應。

如何以「意義」的方式串連大祕牌的順序，是所有塔羅工作者的挑戰，也是成為大師最重要的門檻。因為知識可以藉由記誦來增加，解牌能力可以透過實作來成長，塔羅牌的知識與技術所涉及的都是加法。

但塔羅能否走進解牌者的生命，卻經常是一個減法的過程，人必須有意識地串起大祕牌之間的軌跡，刪去那些干擾我們生命進程的枝節，才能以合理的方式將它編織起來。

自瑞士心理學家榮格提出個體化（individuation）作為人的全人發展歷程之後，許多後繼者都以個體化為藍本，繼續深化它的各個子階段。

神話學大師喬瑟夫·坎伯在《千面英雄》中所提，後由佛格勒修正的英雄旅程，則是其中最知名的。英雄離開日常，進入非日常的世界。這便是愚者牌的意義。

如坎伯所言，展開歷險的方式是一次大錯。因此乖寶寶是不可能成為英雄的，那些不敢背離人格面具的人也是如此。

愚者被列為大祕牌的首張，代表著一場非比尋常的經驗，一個可能會讓人深陷醜聞、顛覆人生假設的事件或選擇出現。人雖然可以選擇無視，但最終會被迫接受。

心理師在晤談室裡看到的各種受苦經驗，基本上都在這個階段。因為此時的接受仍是「被迫」的，因此英雄旅程／個體化之路便遲遲未能展開。

而英雄之所以拒絕召喚，經常是因為它牴觸了我們上半生所打造的人格面具，那不僅是某個社會角色，例如主任、經理、老師、創辦人、女兒或媽媽，也經常包含我們對世界的假設，諸如愛拚才會贏、天公疼憨人、正義者必勝等信念。

拒絕的時間越久，我們就難以遇見導師，進入英雄旅程的第四個階段。因此許多人灰心喪志，覺得自己的人生沒有貴人相助，孤獨與被遺棄感油然而生。很遺憾的是，多數人困在這裡，變成了受害者情結的俘虜，成為一個厭世而憂鬱的人。

沒有錯，英雄旅程雖有完整的架構，但並不保證人人都能成為自己生命的英雄，多數人無從通過魔考與歷練，遑論從非日常的世界中回歸。

在這樣的觀點下，以大祕牌作為辨識求卜者歷程的方式就變得可行。但前提是，解牌者能將英雄歷程與大祕牌的順序做有機的結合。

這項努力很早之前就在塔羅圈裡進行著，因為大祕牌中具有極明顯的「向下階段」，從正義牌開始，一直到節制牌稍作修整，而後再從惡魔牌開始到星星牌。塔羅愛好者可以清楚發現，大祕牌的順序講的不是塔羅，而是人生。

然而乙甯老師這本書中的觀點，才真正是這項努力開花結果後的最高體現。這本書讓我看到了兩件事：

第一，大祕牌與英雄旅程的配對被完美結合了，這是一項了不起的成就，是許多塔羅玩家企盼的結果。

第二，國內誕生了一位真正意義上的大師，我使用大師二字並不是謬讚，而是因為乙甯老師用本書證明了她是當之無愧的典範建立者

我拿到這份書稿後不久，就見到當代塔羅大師瑪莉·凱·葛瑞爾（Mary K. Greer）也發表了最新的研究，她將大祕牌與希臘神話《伊底帕斯王》三聯劇結合，從年輕的伊底帕斯逃離科林斯城邦開始，直到遭放逐的老年伊底帕斯在科羅諾斯去世結束。

大祕牌對神話故事與英雄旅程的兼容並蓄，說明了大祕牌之上的原型意義對應的是人的一生如何突破侷限，如何受苦，如何發揮韌性並獲取意義的共通經驗。

這便是為什麼喜歡塔羅牌的人如此多，即便它在牌意解讀上充滿了歧異性，卻反而

吸引了更多的人向它靠攏與學習。因為我們從塔羅牌身上想要的並不完全是準確，更是支持。而塔羅牌藉由揭露人類的普遍經驗做到了這一點。

我們將心理的元素投射其上，這是塔羅牌之所以能成為占卜工具，可用來預測與深化的主因。

乙甯老師這本書是劃時代的，我期待這本書很快會有英譯本，除了國內讀者之外，也能讓國外的同好共享這份喜悅。

請打開這本書，您會明白，我所言非虛。

推薦序4

最偉大的英雄之旅，最平凡的日常修煉

林晴晴／財團法人台北市磁山社會福利基金會董事

英雄神話總是壯闊、奇幻，帶著不可思議的冒險，彷彿只有踏上遙遠旅途，才能找到「真正的自己」。但其實真正的英雄旅程，往往不發生在異世界，而是在柴米油鹽、在每日的選擇、在每一場我們與自己和世界的對話之中。

乙甯老師的新書，讓我感受到塔羅牌占卜更深的意涵。

這不是一本「如何預測未來」的占卜書，而更像是一張理解人生的地圖，用來更清晰地看見現實。

這似乎應證了我長久以來的觀察：真正厲害的「占卜師」，不是那些聲稱擁有神祕能力的人，而是那些深諳人生滋味，歷經風霜後仍能為人指路的人。他們不是因為「通靈」才準確，而是因為理解生命本質，能夠透過神祕學的工具，幫助人們從混沌的現實中找到可行的方向。

這些年來，我身邊有許多占卜相關領域的朋友。我發現，所謂的「超自然」，從來不是脫離現實的產物——它從未真的與現實分開，而是現實的一部分。

最深刻的英雄旅程，其實比我們想像的還要「接地」。

塔羅，不是解答，而是對話

書中提出了一個重要的觀點：意義，從來不是與現實脫節的幻想，而是深植於我們的經驗之中。當我們拿起塔羅牌來提問，並不是單純尋找某種「內在靈感」，而是因為在現實中碰到了困境，渴望找到指引，好脫離苦惱。

乙甯老師強調，塔羅牌並非命運的揭示者，而是人生的顧問。它不是告訴我們「未來會發生什麼」，而是幫助你看清當下、理解自己、理順情緒，然後選擇怎麼行動。

這讓我想到一個在敘事上關鍵的轉變：占卜的問題，不應該是「未來會如何」，而應該是「我該如何完成此刻？」

當我們這樣看待塔羅時，它不再只是某種古老的象徵系統，而是真正成為我們生命的一部分——不是預言未來的謎語，而是一盞照亮當下的燈。

人生是旅程，塔羅是地圖。

這本書將塔羅轉化為一張人生的導航圖，幫助我們理解：我們此刻正站在哪裡？該如何在這趟旅程中前行？對人生的整體來說，此刻的意義是什麼？

所以，乙甯老師不只是教我們「如何占卜」，更教我們如何透過塔羅看清楚自己。她將塔羅從「吉凶預測」提升為一種思考與成長的方法學，讓我們能夠更細膩地理解自己，找到與世界對話的方式。

這也是我最喜歡的地方：不只是給你一個「答案」，而是幫助你看清楚自己的選擇。只有真正與現實對話，我們才有可能「越過越好」。這是一場關於人生的真實修煉：面對現實、處理人際、改善生活、找到自己的步調，才能真正走出一條有智慧的路。

我們能夠運用塔羅的力量，是因為我們有能力在現實中累積經驗、做出選擇、接受挑戰。人生從來不是單一事件所決定的，我們的每個選擇、每個困境，都是旅程的一部分——就像每張塔羅牌承載著象徵與故事，人生的經歷，也不應該被簡單地評斷為好或壞。

這是一場屬於我們的旅程，我們在其中成長，與他人相連，並透過行動，活出我們的存在。

英雄旅程，回歸日常

書中提到神話學家坎伯提出的「英雄旅程」：啟程—試煉—回歸。生命的巨輪不斷轉動，每個人都會踏上一場英雄旅程，經歷挑戰、困頓、領悟，但最終，我們都需要回到日常。

然而，這趟旅程並不是毫無意義的輪迴——因為當我們回來時，我們已經不再是出發時的那個人。

人生與神話不同，英雄的終點，不是遙遠的彼方，不是拯救世界，也不是王子與公主的幸福結局，而是回歸現實後，我們擁有了更深的理解。

我們依然吃飯、睡覺、讀書、工作，依然活在相同的世界裡。但不同的是，走過風風雨雨，或得意或挫敗，一路走來，我們更能接受自己，也更能接受世界。

這才是英雄真正的成長——它不是「完成一件事」，而是「完整一個人」。成熟，才是最偉大的英雄旅程，每一場英雄之旅，都是一場成熟的歷程。

成熟的人情緒更穩定、人際更圓融、生活更自在，他們能夠平衡理想與現實，既擁有內在的覺察，也擁有在現實中行動的能力。這樣的人，或許就是我們身邊真正的「英雄」。

這是一場心靈與智慧的探索。乙甯老師透過英雄旅程的架構，解析二十二張偉特塔羅大祕牌的啟示，幫助我們理解自己當前的處境——這是一場成熟之路的邀請。

在行住坐臥的現實修煉中，英雄正安安靜靜地踏上旅程，他日日圓熟，得心自在。

一導言一

讓塔羅占卜幫助你成為生命的英雄

每當新一期的塔羅課程開始，我都會問學員：「為什麼想要學習塔羅占卜？」之所以這樣問，不只是為了理解學員的動機，也是為了讓他們釐清自己的學習目標。「占卜」一詞在華語文化中，與算命、命中註定等概念結合在一起，被視為是預測未來的方法。從西方傳來的塔羅占卜，也因為稱為「占卜」，被歸類在算命術數、命理領域。很多人學習塔羅都是為了學習占卜術，因為其他傳統術數艱澀難懂，塔羅占卜則相對簡單容易。也有一些學員已學過易經、八字、紫微等華人占卜術，但因近年塔羅的流行風潮引起他們的好奇，所以來學習。

參與課程的學員一半以上有體驗過塔羅占卜，如果問他們塔羅占卜與他們想像中的算命是否一樣時，大多會回應不一樣。那到底有著哪些不同呢？學員會說，塔羅占卜好像不是在預測，更像是建議，雖然有提到未來會如何，但好像是可以改變的……，如果這時再問一次：為何沒有去學其他算命方法，而來學習塔羅？學員的回應不再只是因為塔羅比較大眾化，而是發現塔羅占卜另有吸引他們的魅力。雖然他們也會認為，「很準」是他們想學習塔羅的原因之一，但他們所說的「準」，似乎也不全然是預測未來的準。塔羅占卜究竟有哪些吸引人之處呢？

隨著現代人教育程度普遍提升，比起宗教，人們更依賴理性思維和科學方法面對問題，所以算命占卜在這時代被質疑或排擠，也不令人意外。實際上，宗教或算命占卜並沒有在生活中消失，只是現代人對宗教不一定全然接受，對待算命占卜的態度也有所改變。在過去，人們會用「鐵口直斷」來形容算命師的能力，果斷答案讓求問者對算命師產生信任，但在這時代，根據很多學員回應，鐵口直斷的算命反而令人感到不舒服或生氣，覺得對方憑什麼可以論斷自己的人格或人生。這些不舒服的感受，源於這時代的求問者，雖因煩惱與無助尋求宗教或占卜的幫助，但還是希望可以自己掌握未來，當個作主的英雄，而不只是無奈地等著被決定。塔羅占卜普遍受到大眾喜愛的原因正在這裡！塔羅是看圖說故事，比起鐵口直斷的未來預測，更像是對目前狀況的覺察與釐清。

有了預測未來的能力，我們就不會有煩惱了嗎？我想答案是否定的。占卜所預測出的未來未必是我們想要看到的結果，預先知道了一些事，也不代表可以解決當中的難題。甚至，若相信未來已有定數，無法改變，有可能煩惱更多，更感無望而低落。讓一個人解決煩惱的方法並不是預測未來，而是「應對現在」。要有效應對現在，便需要對當下問題有清明的覺察，知道自身行動的可能後果，找到更為明智的因應對之計。此時，塔羅牌可以是很好的幫手。通常在課程中解釋到此，我會再回問塔羅學員，你想要學習預測未來的占卜方法，還是「應對現在」的分析策略？

很多人會習慣性地在進行塔羅占卜時占問封閉性的問題，例如：現在換工作好嗎？我會升職嗎？對方喜歡我嗎？我要告白嗎？考試會考的上嗎……。這些問題簡單、明確，求問者可從占卜結果中推演出期待的答案。一般的占卜方法會直接針對這類問題作未來的吉凶預測，給予「是」或「不是」、「可以」或「不可以」的答案。但如果你認為未來沒有定數，現在行動可以創造命運，卻還用封閉性的問題來占卜，這就像公司老闆跟顧問說：「我想要擴張公司營運，可以嗎？」卻要求顧問只用「可以」或「不可以」來回答一樣，沒多大意義。

畢竟，顧問可以幫忙的不止於此。擴張營運的可能情況也有太多種，不是簡單的是非題。顧問可以先針對公司目前的整體營運狀況進行診斷、分析，並針對老闆提的擴張計劃進行評估，然後給予綜合性的回覆。塔羅占卜在「應對現在」上的運用就像顧問給老闆的評估報告，整份報告呈現的都是現在狀況如何，最後給予行動上的建議。看了報告後，做出決定的是老闆，而不是顧問——是求問者，而不是占卜師。

坊間大多數的塔羅占卜書，聚焦在回應封閉式問題，雖然答案也是從圖像延伸，但內容侷限在固定的牌意，不是圖像豐富的可能性。這導致學習者在解牌時，雖然每次都會抽出不一樣的圖像組合，卻因為侷限於牌意，每次的解牌內容都大同小異，只能總結出封閉式問題的可能結果。

如果要把塔羅占卜運用為「應對現在」的策略，每次占卜解牌就需要寫出像顧問給老闆的評估報告，所以解牌時，不能依賴固定不變的牌意，而要能夠依照不同問題、求問情境，從抽出來的圖像中聯結出解牌內容。這時，進行塔羅占卜就會從記憶牌意，轉變為看圖說故事的敘事解讀。這樣的占卜解牌方法，需要占卜者對每張塔羅牌都能進行深入的圖像解釋。

塔羅占卜的媒介是塔羅牌，但大多數使用塔羅牌來占卜的業餘者，對塔羅圖像的認識不深，當然就無法從解牌獲得深入洞察。如果能夠把學習重點從占卜轉移到圖像，從預測未來轉變為應對現在，會發現這樣的塔羅牌運用方法也可以運用到占卜以外的領域如解夢、冥想、創意書寫等等。或者就像這本書的嘗試，讓塔羅牌成為現代人的英雄神話。

本書將塔羅牌圖像的解析與神話大師坎伯（Joseph J. Campbell,1904-1987）的英雄旅程理論作了結合，發展出一套占卜的方法，幫助讀者從生命成長的視野，將塔羅占卜轉變為個人的英雄敘事，使生活中發生的每件事都可以成為有價值的英雄考驗，並讓自己成為活出生命意義的英雄。

這本書所介紹的塔羅占卜方法，是透過將求問者經歷的事情，放入英雄神話的故事結構，並藉由占卜解牌，定位求問者所經歷的考驗階段，並給予解釋與建議。這種占卜方法不僅人人可學習，更格外適合忙碌於生活、淹沒在無意義瑣碎雜事中的現代人。我們雖很努力的生活，卻也常掉入到「沒意義」、「沒意思」的暗潮當中，這套塔羅占卜方法能幫助我們明白，生活中每件微小的事，只要從經驗與意義的視野觀看，都可以成為認識自己、定位人生方向的導航事件。

如果你正在渴望與尋找意義的路途上，請跟著這本書一起深潛到塔羅牌瑰麗的象徵與敘事世界。

第一部

塔羅大祕牌裡的英雄旅程

1. 英雄神話與偉特塔羅大祕牌

故事與意義

在進行塔羅圖像的意義解讀之前，我們得先了解所謂的「意義」，是如何被呈顯出來的。

意義就像一杯咖啡。咖啡豆是原料，但我們無法直接品嚐新鮮的豆子，它需要日曬、烘焙、研磨、最後用水粹取，經過了這些歷程，一杯咖啡才能完成。但泡好的咖啡還需要有人品嚐味道，「喝咖啡」這件事才算完成。「意義」也是如此。每天，我們都會經歷很多事，這些事就像新鮮的咖啡豆，需要當事人用語言、文字、圖像等方式表達出來，才會成為可以粹取為咖啡的豆子。當我們聆聽被自己表述出來的故事時，意義就像品嚐後留在口中的咖啡香，在故事中溢出來，被我們感知與領悟。所以，意義是在時間中被活出來的，把生活經驗用故事敘說出來的時候，我們才獲得了意義。

我們每天的生活中都接續出現各式各樣的經驗與故事，我們卻未必會認為生活有意義，為什麼呢？

所謂「經驗」，不只是我們在做的事，經驗中的行動會伴隨感官訊息，使我們對它的認知伴隨著「體驗」。有體驗才有經驗，有經驗才有故事，也才會有意義。在每日的日常中，我們都會做很多事，但其中很多只被視為例行公事，只需要完成，不必多加體驗。譬如每天吃飯，許多人就只是把飯吃完，卻沒有味覺與嗅覺的品嚐，甚至在吃飯時還在想著其他事，忽略感官訊息；當有人問中午用餐如何時，也只簡單的回答「還可」、「差不多」、「都一樣」。像這樣沒有體驗、無法成為經驗的行為，無法敘說為故事，只是報備事項，了無意義。

每個人都會說故事，但有意義的故事需要有兩項元素：情感描述與故事邏輯。經驗中的情感，常常無法直接用語言表述，很多時候經驗被我們用簡單的好喝、好玩、好特別來表達，但這是對經驗的好壞評斷，並不是描述。如果喝到一杯好喝的茶，比起只是評價為好喝，這一杯茶的味道「猶如在清晨的森林深呼吸」的描述，更有可能成為說故事的情感材料。所有的情感描述，依賴於個人的回憶，回憶本身就是「關於我」的故事。所以人生意義，就是從當下的經驗「共時連結」回憶時，所產生的自我理解與領悟。共時連結並不是無序的跳躍，而會從當下所領悟的意義，編排出有序的事件情節，這就是每個人都擁有的故事邏輯。

當我們在渴望尋找意義時，所需要的並不是經歷什麼特別的事情，而是把每天經歷的事表述出來。過程中會需要藉助象徵語言來描述情感，以及藉由故事邏輯來重新編排情節。這些就是塔羅牌與塔羅占卜可以幫助我們的地方。

尤其是偉特塔羅，它是一組由象徵圖像組成的牌卡，認識這些圖像，也是在學習一套象徵語言，幫助我們拓展情感的表述能力。將塔羅牌作占卜運用時，通常需要多張牌卡的排列組合，這些組合能對求問事情的情節進行重組，進而轉化為有意義的故事。但要熟悉七十八張塔羅牌再進行占卜解牌，通常需要長時間的學習，很多自學者，在認識七十八張牌的過程就中途放棄。

這本書把塔羅占卜工具簡化為二十二張大祕牌，並透過英雄神話與大祕牌象徵意涵的對應來敘事。只要解讀單張牌卡，就能說出有意義的人生故事。

英雄神話的歷險結構

英雄的歷險旅程，是神話故事中的重要主題，大多描述故事中的主角被賦予任務，離開原來所在之處，歷經艱辛任務，也受到一些人的幫忙，最後完成任務歸返。神話學大師坎伯鑽研了世界各地的英雄神話，發現這些神話有著類似的故事結構，以象徵方式展現了人的成長歷程。坎伯是在《千面英雄》（*The Hero with A Thousand Faces*）這本書中提出了他的英雄理論，在書裡，他如何定義英雄呢？

坎伯認為，英雄是「可以戰勝一般人普遍被受限的地域與歷史侷限的人。」在這裡指的「地域與歷史侷限」，是每個人所處的既有的文化以及個人成長背景、條件等。個人所處的特有環境，會成為人生發展的限制與阻礙，而英雄是不斷面對困境，跨越這些限制，讓自己走向更大可能的成熟心靈。相對於英雄，凡人往往無法整合內、外衝突，心靈常在衝突中被分散、瓦解，但英雄的心靈流暢無阻，可以無懼地走向群體，同時也能堅強地成為自己。

坎伯提出了英雄旅程（hero's journey）的概念，並把故事分成三個行動階段：啟程、啟蒙與回歸。在啟程階段，英雄的所作所為都會揭開一次命運的召喚，並讓英雄走向未知的領域，如果英雄拒絕召喚，就會招來各種厄運與死亡威脅。走向未知旅程的英雄，接下來會進入啟蒙階段的試煉之路，雖然有各種危險在英雄路上等待，但英雄也會得到智者、女神等等的幫助，安然度過危機。英雄的人格也在此過程中，從過去自我局限的狀態邁向成熟與整合。最後的回歸階段，是英雄的終極考驗，歷險過後的英雄，必須能夠回到原有的生活，歸返日常與社會；英雄若不歸返，冒險歷程就會淪落為無止盡的日常，使英雄走向滅亡。書裡，坎伯用圓型圖表，說明英雄歷程在人的生死之內，有著無止境的重複與循環，每次的經歷，就是人格的一次蛻變與轉化。

坎伯的圖，先在圓圈中畫出了一條界線稱為「歷險的門檻」，門檻上方是已知的日

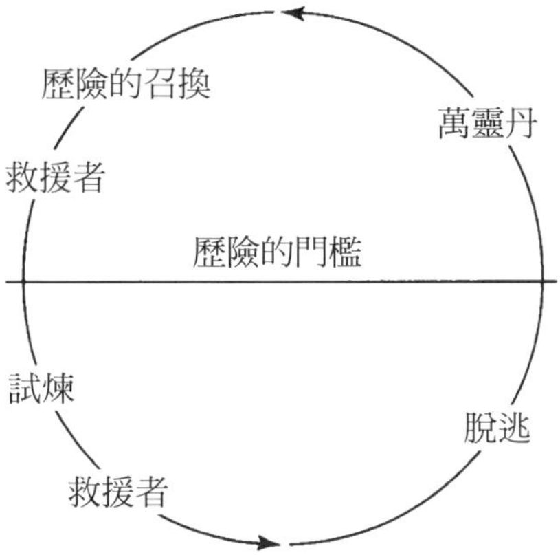

坎伯的英雄歷險

常，下方是未知的冒險世界。在神話中，未知會以冥府、怪物、森林、遙遠的異鄉等方式述說，英雄就是在這兩個世界來回穿梭的人物。在兩個世界的外圍，坎伯寫上了六個歷險主題，從這六個主題，坎伯進一步分析了東西方英雄神話的情節，並列出了十七個英雄會經歷的階段考驗。

但現更為人所知的，是以十二個歷程來說明英雄故事的版本，這十二個歷程是電影工作者兼劇作家佛格勒（Christopher Vogler）重新整理坎伯的結構後所提出的，原先是寫給電影公司內部的寫作指南，在二〇〇七年對外出版《作家之路：從英雄旅程學習說一個好故事》（*The Writer's Journey: Mythic Structure For Writers*）之後，成為目前最廣為人知的結構。佛格勒的十二個歷程，常與時鐘的十二個小時運轉作為比喻，好記、好理解，成為很多人的

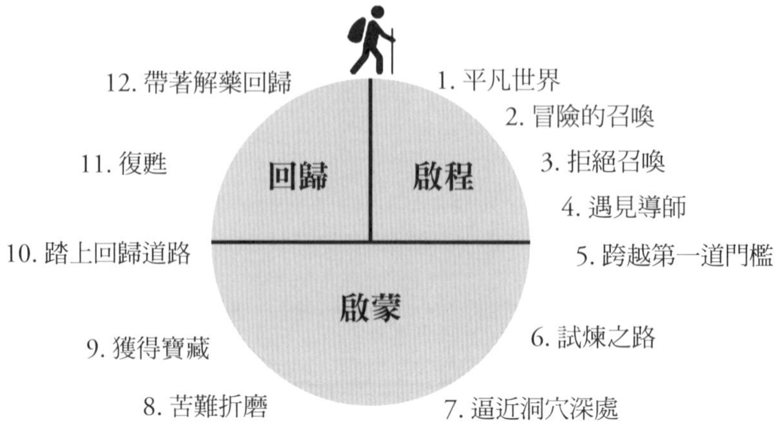

佛格勒的英雄十二個歷險

寫作公式。

雖然電影或連續劇是討論英雄歷程的好媒材，但現代戲劇影像裡的成長故事，往往聚焦在社會上的成功，英雄人物大多在突破自己，踏上冒險歷程中並獲得寶藏後，故事就在眾人擁戴的情節中結束。但神話裡的英雄所經歷的考驗，展現的是人的內在超越與人格轉化，所以神話裡的英雄不只在社會中功成名就，也是能夠戰勝內在魔考的命運承擔者，所以坎伯與佛格勒的歷程，差異大多表現在啟蒙與回歸階段。

偉特大祕牌裡的英雄旅程

塔羅大祕牌雖有二十二張，但紙牌上的數字是0～21號，0號愚者的位置，一直沒有明確的規則。偉特爵士（Arthur Edward Waite）則依卡巴拉神祕學的安排，把0號排列在21號世界牌的前面。但開啟偉特塔羅身心靈應用的前驅者伊登・格雷（Eden Gray），在一九七〇年代出版的塔羅書中開始把0號愚者排列在數列的最前面，並把大祕牌命名為「愚者旅程」，把愚者象徵為個人的內在的人格，其他二十一張牌就成為愚者成長與考驗的歷程。格雷的愚者旅程成為之後的塔羅書普遍依循的規則。

一九八〇年瑞秋・波拉克（Rachel Pollack）在《七十八度的智慧》（*Seven-Eight Degrees of Wisdom*）一書中，援用心理學家榮格（C. G. Jung）的理論，把大祕牌分為意識、無意識、超意識的三層內在經驗領域，成為身心靈運用的另一種分模型，但她也把愚者作為第一張，安排在所有牌卡的最前方。下頁是坎伯、佛格勒與塔羅大祕牌，用英雄旅程階段進行分類的對照表。我選用佛格勒的版本對應大祕牌，更適用於二十二張大祕牌的分類，並且依照愚者旅程的安排，把0號愚者置於大祕牌的第一張，象徵生活在平凡世界等待轉變為英雄的人物。

偉特塔羅大秘牌與英雄旅程階段對照表

行動	坎伯《千面英雄》裡的十七個歷險（1949）	佛格勒的十二個英雄歷險（2007）	偉特塔羅大秘牌的十二個歷程
I.啟程	1.歷險的召喚 2.拒絕召喚 3.超自然的助力 4.跨越第一道門檻 5.鯨魚之腹	1.平凡世界 2.冒險的召喚 3.拒絕召喚 4.遇見導師 5.跨越第一道門檻	1. 0愚者 2. I魔術師、II女祭司 3. III皇后、IV皇帝 4. V教皇、VI戀人 5. VII戰車、VIII力量
II.啟蒙	6.試煉之路 7.與女神相會 8.狐狸精女人 9.向父親贖罪 10.神化 11.終極的恩賜	6.試煉之路 7.逼近洞穴深處 8.苦難折磨 9.獲得寶藏	6. IX隱士、X命運之輪 7. XI正義、XII倒吊人 8. XIII死神、XIV節制 9. XV惡魔、XVI高塔
III.回歸	12.拒絕回歸 13.魔幻逃脫 14.外來的救援 15.跨越回歸的門檻 16.兩個世界的主人 17.自在的生活	10.踏上回歸道路 11.復甦 12.帶著解藥回歸	10. XVII星星、XVIII月亮 11. XIX太陽、XX審判 12. XXI世界

為何使用偉特塔羅牌？

塔羅牌發源於十五世紀義大利貴族的遊戲牌卡，而偉特塔羅要到一九一〇年才發行，只有百年歷史的偉特牌，卻成為世界上使用最為普級的占卜牌卡，原因不只是圖像精美，更因偉特對傳統塔羅牌進行了多項改革，並讓塔羅占卜的性質，從預測未來，轉為圖像說故事。下面介紹偉特塔羅異於傳統塔羅牌的重要變革，以及這本書使用偉特塔羅牌的原因。

1.偉特塔羅跳脫歐洲大眾不熟悉元素，採用當時代的視覺流行

最初義大利的塔羅牌，擁有著文藝復興時期的古典、貴族氣息，傳承了基督宗教的文化元素，但當時的牌卡都是藝術家繪製，是無法量產的手工紙牌。十七世紀末，法國馬賽開始出現量產的塔羅牌，為了量產，圖像變得相對簡化、粗略，但整體形象與文字還是保有了義大利傳統。進入到十八世紀，法國神祕學者認為塔羅牌源自埃及，開始在馬賽塔羅牌融入埃及元素。在同時期，法國也有算命師自製了帶有埃及元素的算命用塔羅牌，增強了塔羅牌的神祕性，但埃及對歐洲民眾而言相對陌生，所以並沒有普級。

十九世紀，塔羅牌的神祕學研究轉移到英國，在英國的塔羅牌發展較為多元，尤其

神祕學者偉特爵士（Arthur Edward Waite），對算命占卜有深入研究。他邀請以繪製舞台劇布景為生的藝術家潘蜜拉（Pamela Colman Smith），共同創作出偉特塔羅牌。在他們發行塔羅牌以前，神祕學領域對馬賽塔羅只進行小部分的調整，也沒有大量發行。但偉特塔羅以全新的視覺，透過偉特自己的出版社大量對外發行，成為當時第一副對大眾發行的七十八張塔羅牌。

我們這時代的人觀看偉特塔羅牌，會覺得圖像很古典，但如果回到二十世紀初的英國，當時的商業海報與偉特牌的色彩、構圖等的視覺表現非常類似。所以大眾看到這些紙牌會感到熟悉、親切，加上有七十八張精美圖像，很能吸引原來對紙牌沒有興趣的人的眼光。儘管圖像大眾化，神祕學的內涵或占卜功能卻沒有簡化，偉特反而讓這兩個領域有了可以結合的可能性，這才是偉特塔羅為這時代帶來的最大的影響與改變。

2.以象徵技法融入了更多元的解釋意涵

偉特塔羅發行時代，歐洲藝術受到象徵主義的影響，不再強調藝術家客觀的寫實再現，而更重視藝術家的主觀思想。畫成為「話」，要能夠被觀看者理解，所以會使用一般觀看者能理解的表現手法來表達情感或靈性的抽象概念或思想。潘蜜拉不只是商業性的藝術家，她也是神祕學研究成員，並繪製了多幅表現靈性的藝術，她的創作就有著濃厚的象徵主義技法，這些技法也都被使用到偉特塔羅牌的創作。

過去的塔羅大祕牌，只有重視人物的表現，以人物的姿態（坐姿、站姿）、手上拿的工具等方式，表達圖像意義。但偉特牌則更整體地運用背景、色彩、各種物件配置等，張張精心規劃與安排，每張圖都說出了更多層次的「思想」，意義變得更為豐富。現代有很多學者，把俄羅斯神祕學、佛教修行、榮格心理學等的思想融入到偉特大祕牌講解，主要也是因為這些象徵在解釋上的豐富與多元性。這本書能夠以坎伯的英雄旅程進行大祕牌的解釋，也是因為偉特塔羅的象徵特色。除了象徵技法外，偉特塔羅還調整了大祕牌的序列，也成為重要的塔羅變革。

3. 調換8號與1號牌

偉特之前的塔羅牌，大祕牌的8號為正義、11號為力量，這種排列依循了義大利傳統，但偉特認為這兩個號碼對調，更能符合他的神祕學思想。雖然偉特在他的《塔羅圖像解讀祕鑰》中，沒有詳述變更後的解釋，但看這兩張牌的圖像設計，也能推論偉特透過調換牌序想要表達的意義。偉特大祕牌，從圖像上形成兩兩相對的組合，以數字序列來看，有魔術師與女祭司、皇后與皇帝、教皇與戀人……星星與月亮等等；從相對組合來看，戰車與力量、正義與吊倒人的組合，不只是文字意義，在圖像表現上也更能表達相對性，這種相對性形成的矛盾與整合，在榮格心理學、坎伯的英雄旅程都能形成重要意涵，而這種相對性，也只有在偉特大祕牌最為突顯，這也是這本書使用偉特塔羅牌的重要原因。

4.小祕牌全部改為有人物的故事畫

雖然本書沒有使用到小祕牌，但塔羅占卜能夠跳脫傳統的未來預測，並運用為身心靈占卜解牌，主要與偉特牌把所有小祕牌故事化有關，讓占卜解牌從密碼對照式的牌義解讀，轉變為看圖說故事的意義解釋。過去的小祕圖像，類似撲克牌，只表現了元素與數字，只能依賴占卜師的經驗、直覺、通靈能力進行預測工作，但偉特小祕牌都是易讀的故事畫，不管有沒有學習塔羅牌，都能進行一般性的解釋，讓塔羅占卜普遍化，不再需要依賴特殊能力的占卜師，任何人也都易學、易用，為塔羅占卜的解讀方式與普遍化帶來了革命性的改變。

2. 占卜自己的英雄神話

為何要用英雄神話進行塔羅占卜？

英雄神話有著完整的故事結構，就算沒有使用為塔羅占卜，我們也可以藉用歷險的十二個模型，對自己經驗過的事情進行英雄敘事。然而，要把哪一件事視為英雄旅程的開始，哪一件事視為考驗與任務，哪一件事又可視為歸返等等，就是情節安排的技巧了。除非是有著熟練的創作想像力的劇作家，一般人要編排自己的人生故事，未必容易。很多時候，我們只會直觀地把換一份新工作視為旅程的開始，遇到挫折與困難視為考驗，如果有了機會，就視為召喚……這樣的故事歸納與敘事邏輯，往往是把耳熟能詳的舊梗當作故事發展情節，沒有新意。這時，如果運用塔羅占卜，透過隨意抽牌來進行情節安排，會帶來全然不同的視野，重新定義事情所代表的意義。

例如，如果剛好換了一份新工作，以為自己要開始一段新的英雄旅程時，卻抽出星星牌，這張牌被歸類在「踏上回歸道路」的考驗，這時候新工作的轉變要如何解釋才能呼應英雄旅程歸返的意義呢?此時,抽牌者可從換工作的時間點往前回顧,運用英雄歷險的階段結構重新觀看自己一路走來的過程,找出代表召喚、遇見導師、跨越第一道門檻、苦難折磨等等之事件。過程中,原本被忽略、遺忘、不相干的事情,會一一被定位在英雄歷險階段中,編排出超出原來預設的故事結構。故事於是形成,意義會在形成過程慢慢溢出來,被我們領悟。所以英雄旅程的占卜解牌,一方面借用塔羅占卜的隨機性,展現超出個人預設的故事邏輯,另一方面透過英雄歷險故事的結構,為當下所經歷的事情,串連出有前因後果、有意義的故事。

從神話的視野進入塔羅占卜的運用,會發現神話不再只是某個時代、某個文化中離個人生命遙遠的故事。每個學習者都會成為愚者,並從愚者的歷程回看自身,在圖像、神話與生命經驗之間相互形成共鳴,從而探索內在世界。古人用神話來詮釋各種矛盾、不合理、無可理解的生命狀態,並運用超越現實的敘事提供另一種理解生命的視野;如今我們雖遠離了神話,卻可以經由塔羅牌,重新把神話找回來,並且透過塔羅占卜,讓神話不只是停留在古人的故事中,而是成為「你的故事」,鮮活於當下。坎伯為何要研究英雄神話呢?他認為這些神話會引領迷航、孤單的現代人面對生命成長中的各種歷練。塔羅愚者的英雄旅程,也能成為現代人探索內在歷程的地圖,開啟獨屬於自己的英雄神話。

英雄神話的占卜方方法

英雄旅程是對人的生命歷程的比喻，人的一生不只有以生死為界線的故事，我們每天經歷的大大小小的困境、煩惱、挑戰，都可以作為英雄神話的占卜來求問。例如：工作上的新任務、新計劃、人際關係的溝通、感情發展上的衝突、家族旅遊的規劃、進修決定等等。或者在重覆的日常，想要為自己的生活說出有意義的故事——很多人會透過寫日記或自傳，回顧自己的過去，並找到未來前進的方向——這時，也可以透過英雄神話占卜解牌，來定位當下的生命狀態。

1.提問方法

英雄神話的占卜求問方向，可分為：

(1) 針對當下經歷的特定事情。

(2) 過去曾經經驗過的事。

求問範例如下：

- 工作上接到了新任務，這件事情在英雄旅程的什麼階段（是什麼樣考驗）？
- 過去在那段關係中發生的事情，有著什麼樣的英雄旅程的意義？

2. 抽牌方法

(1) 將二十二張大祕牌依個人習慣的洗牌或切牌方法整理，洗牌沒有特定方法，只要在抽牌時正位、逆位可隨機產生即可。

(2) 洗好的牌，背面朝上展開。

(3) 抽出一張大祕牌。

(4) 翻牌時往左或往右的方式平行方向翻牌，以便確認抽出來的紙牌圖像是正位、還是逆位。逆位時，抽出來的紙牌圖像會以倒過來的方式呈現。解牌時有分正位與逆位兩種不同解釋，在抽牌時，請注意正、逆位牌的差異。

3. 解牌方法

(1) 先確認抽出來的牌卡，屬於哪一個英雄旅程階段（可參考下一節）。

(2) 翻開本書介紹該階段的頁面，閱讀在塔羅大祕牌旅程該階段所代表的意義，以及該階段的考驗與提醒。

(3) 翻開所抽出來的紙牌的介紹頁面，認識該圖像的象徵與英雄旅程的關係，以及當中需要面對的考驗與功課。

(4)依求問事情(現在、還是過去),以及抽出來的圖像方向(正位、逆位),閱讀英雄旅程占卜解牌內容。

(5)從自己所經歷的事情,進行對抽出來的紙牌的解釋。並且依所在的英雄旅程階段對事情進行回顧與定位。例如:如果抽出跨越第一道門檻階段的力量牌,除了用力量牌來解釋現階段遇到的事,也需要回顧之前的冒險召喚、拒絕召喚、遇見導師等階段,並把過去發生的事編排到這些歷險階段。

塔羅愚者的十二階段英雄旅程

1.平凡世界:0愚者

愚者雖在平凡世界,但他滿心期待,想要走向未知世界的冒險。他不再能滿足於安穩、一成不變的生活;他走向懸崖,承擔危險,想要脫離熟悉、舒適的環境,走入冒險,體驗人生。

2. 冒險的召喚：I魔術師、II女祭司

命運已在召喚愚者，把他的注意力從已知的世界轉移到未知的領域。魔術師與女祭司，分別象徵了愚者最終要到達的精神境界，他們也是愚者最後在歷險後要轉化的成熟人格。

3. 拒絕召喚：III皇后、IV皇帝

皇后與皇帝象徵了世俗的美好，讓愚者拒絕歷險的召喚，想要停留在安全、舒適的生活。

4. 遇見導師：V教皇、VI戀人

教皇與戀人成為愚者的導師與伙伴，幫助英雄走出原有的世界。他們是愚者在英雄旅程中的貴人，可能是長輩、老師，或者是朋友、情人、伙伴等關係。

5. 跨越第一道門檻：VII戰車、VIII力量

在門檻前，總是有兇猛的守護者擋住英雄的道路，也是英雄必須要跨過的第一次危機。愚者要跨越的第一道門檻是戰車與力量，這兩張圖像裡有著神獸與猛獸，如何馴服這些猛獸，成為愚者的第一個任務。

6. 試煉之路：IX隱士、X命運之輪

在坎伯的英雄歷程，試煉之前英雄會先進入黑暗，稱為鯨魚之腹。鯨魚之腹的黑暗是英雄的危機，但也是愚者經歷的一次轉變。在黑暗中閉上眼睛的隱士，是進入鯨魚之腹考驗的邀請，度過了這次的危機，愚者就會到達命運之輪，接受命運安排給愚者的任務與使命。

7. 逼近洞穴深處：XI正義、XII倒吊人

坎伯用了女神與狐狸精，解釋了在逼近洞穴階段，英雄會經歷的衝突與矛盾。在塔羅歷險，則用正義與倒吊人的相對意象，展現此階段的衝突。正義是愚者過去所認同的

真理與公正，但在逼近洞穴階段，愚者開始洞察到更清楚的真相，從倒吊人的狀態，看見原本認為合理的道理所帶來的不公正與傷害。愚者的價值世界出現混亂與衝突，需要重新為自己建立內在秩序。

8. 苦難折磨：XIII死神、XIV節制

坎伯把這階段定名為向父親贖罪。父親象徵了每個人所遵循的社會秩序，但愚者在前一段的歷險，經歷了對社會價值的質疑，死神的到來，意味愚者拋下舊世界的秩序（父親的象徵），開始由自己建立新秩序。死神過後的下一個歷險階段，坎伯稱為神化，剛好對應節制的天使意象，天使讓愚者在內在衝突中找到昇華之道，從死神的挫敗中，看到更真實的自己，愚者不再努力成為別人，而是接受自己的一切。

9. 獲得寶藏：XV惡魔、XVI高塔

英雄在歷險中獲得了寶藏，是可以砍斷自我妄想的智慧之劍。愚者被惡魔誘惑，想要被他人擁戴，以英雄之名立功，但這些渴望卻讓他失去自由，不再成為自己的主人。失去自主能力的愚者，為了重新獲得自我，斬斷鐵鍊，像高塔圖像所描繪的，向著未知

跳躍。拋掉各種自我限制，才能踏上英雄旅程的回歸的道路。

10. 踏上回歸道路：XVII星星、XVIII月亮

從高塔墮落的愚者，進入到星星階段，在旅程中的歷練讓他拋開了外在的偽裝，成為真實的自己，不再迷茫，並藉由星星的指引找到讓心回到家的路；愚者的回歸需在月亮牌的黑夜完成，並在黑暗中面對愚者所逃避的害怕，並能如實的接納不完美的自己。能夠走向黑暗的愚者，終於以英雄之姿獲得人格轉化。

11. 復甦：XIX太陽、XX審判

復甦階段是愚者獲得的新生，他在太陽階段，成為可逍遙自在的小孩，以赤子之心在世界中悠遊；審判階段則會讓愚者回到社群，以他的新生改變與影響著他人，愚者不再是以自我為中心的個人，而是能夠觀照群體的成熟個體。

12. 帶著解藥回歸：XXI世界

愚者成為可以來回於日常與冒險兩個世界的英雄，他可以用冒險之心，為日常帶來生命力，以平常心應對挑戰。他擁有了對世界的多元觀點，也有了更大的同理心，能夠更深刻地感知他人，體驗當下生命的美好，這成了英雄在歷險中所帶回的永生靈藥。

第二部

愚者的英雄旅程

※本書對於《千面英雄》的文段引用，摘自立緒文化一九九五年出版，二〇〇二年四刷的《千面英雄》，朱侃如譯。

※各牌卡的圖像敘事與象徵解釋段落，可搭配參考本書附錄的彩圖閱讀。

1. 第一站：平凡世界

英雄自日常生活的世界外出冒險，進入超自然奇蹟的領域；他在那兒遭遇到奇幻的力量，並贏得決定性的勝利；然後英雄從神祕的歷險帶著給予同胞恩賜的力量回來。

——坎伯／千面英雄，29頁

0. 愚者

圖像敘事

0號愚者是背著行囊的年輕人，站在懸崖邊緣，卻無所畏懼地頭向後仰、看向遠處。他的身體向外展開，穿著華麗的衣服，腳步往前邁進，一手拿著白色玫瑰花，另

日常安穩、卻也一成不變，愚者滿心期待走向懸崖，想要脫離熟悉的生活，走入冒險，體驗人生。

一手拿著行囊，腳邊有一隻白色的狗向著他跳躍。偉特稱愚者牌為「尋求經驗的靈魂」，並以旅行到未知領域的王子來形容愚者。偉特為愚者賦予了像王子般的高貴意象，猶如神話裡的英雄，有著不輕易低頭屈服的意志。在腳邊跳躍的白狗，呈現了愚者的內在狀態，在期待中等待著冒險的召喚，邁向更大的世界。

平凡世界階段的提醒

想要踏入英雄旅程，先要讓自己成為愚者，讓自己的歸零，不再理所當然地依循慣性。做出改變，嘗試沒有做過的事，不要害怕失敗；在犯錯或認為把事情搞砸的時候，英雄旅程的召喚才會在眼前打開。

平凡世界階段的考驗

成為愚者代表被他人否定，成為被貶低或不被看重的人，並且也被評價為不懂得規矩、破壞團體紀律者或壞群之馬等。愚者是不在常規之內的人，他不依循他人的經驗，而是重視自己的親身體驗。愚者面對的考驗，是他會成為不被他人認同的人，其決定或許不符合其他人的期待，但可能更接近內心想要的行動。但愚者是不經嚴謹思考的人，所以若抽得愚者牌，就跟隨著自己的心走下去。

象徵解釋

愚者：邁向智者的歷練

經驗讓我們學習，雖然也不是每件事都得要親身經驗才能懂。所以在推理小說裡有種沙發偵探，他們不需要親身到現場，便可以透過所獲得的訊息在自家的沙發上對案件進行推理，並找到兇手。推理靠的是判斷與邏輯分析，是對資訊進行分類與歸納的思考能力，雖然揣測兇手的心理需要經驗，但很多推理講求的是對證據的分析，並不是人性。然而邁向智者的路不同，它需要親身體驗，它所要獲取的不是資訊，而是感官體驗與內在感受。雖然會破案的偵探，可以在自家的沙發不用出門，但這樣的偵探未必能夠面對創傷與挫折。當我們面對邏輯無法理解的生離死別之苦時，唯有領悟才能帶領我們跨越，而「悟」就是透過經驗所轉化的智慧。

社會上有很多天才兒童，他們有著豐富的知識，但未必擁有內在的韌性。一個人的內在素質要被視為是「智慧」，通常要經過一定的生命歷練才能培養出來。但也不是每位有知識又有生命歷練的人，就一定會有智慧，因為經驗是關於「過程」的體驗，如果只關心達到目標與結果，就會忽略在歷練過程中的學習。生活中，我們會起床、上班、買早餐、開會……在做這些事的時候，通常不會問經驗了什麼。但如果我們去做一件平常很少做的事，例如第一次體驗露營、出國旅行、游泳，這時候就會用經驗來描述這些過程。每日像例行公事一樣吃午餐，雖然我們還是會選擇想吃的食物，但那些食物無法帶動感官的好奇，只為了填飽肚子的吃，就像工作中要完成的一項流程，時間到了，就把它依序做完即可。所以有人問中午吃了什麼，常常會想不起來，因為吃的過程不是重點，只需要「有吃」這個結果。

經驗在乎的是過程，就像第一次露營，總是每個過程都新鮮，值得記錄，連出發前的準備都讓人充滿期待。經驗裡有故事、有情感，我們在經驗中體會、做過的事，會成為回憶，被我們記得。然而，成為智慧的經驗並不只是美好體驗而已，感官上的舒服雖很重要，卻不令人深度思考，而困境、挫折與受苦的經驗則會。為了找到困境的原因與解決方法，我們會反省、苦思，甚至會尋求他人的意見，過程中也會不斷碰撞自己的界線，這些都是把經驗轉化為智慧的契機。有些人會把原因指向外，怪罪與反省他人，如此就不會有自我內在的撞擊，就算經歷了很多事，在智慧層次還是不會成長。

「智慧」是從經驗中轉化而出的領悟，在山窮水盡的絕路中，引領我們轉念、放下與跨越。塔羅大祕牌的愚者是渴望經驗的靈魂，「愚」象徵著對經驗的無知，並不代表沒有知識，而是沒有智慧。所以他需要的是不再原地停留，而是透過身心的投入與跳躍，走進生命，經歷過行萬里路的考驗，成為英雄神話裡的英雄，從愚者轉化為智者。所以偉特把愚者稱為高貴的靈魂，愚者是在每個人內在本具的靈性種子，等待發芽成長，邁向更整體的生命。

懸崖：進入異世界的通道

懸崖有著墜落與斷裂的意象，在愚者的英雄旅程，懸崖成為進入未知世界的入口。它就像愛麗絲夢遊仙境的兔子洞，或者在動畫裡進入異世界的通道，進了這個通道，世界不再依我們的邏輯運轉，原有的秩序與規則不再通行。這兩種相對立的世界，在愚者圖像以懸崖的斷裂來表現。墜落是從高處向著低處的轉變，在高處我們看得遠、被人仰望、陽光照耀，是大家都會嚮往的成就。低處則沒有高闊的視野，也沒有高於他人的優勢，那裡是陽光照不到的黑暗、世界秩序不再能運作的混亂之地。

有些英雄是在他人的歡呼與期待中出征，但也有一些英雄是因為一次失誤，進入到危險區域。塔羅裡的愚者旅程從墜落低處開始，猶如愛麗絲墜落到兔子洞後，被當作入侵者追趕，處處充滿危機。墜入懸崖的愚者，就像主管的否定、努力卻未能挽回的感情、失敗的創業計畫、因為遲到而錯失的機會……，我們在失誤中怪罪自己的愚蠢，也因為羞愧而不敢承認自己的過錯。墜落到懸崖下的愚者，被迫拋開原來享有的成就、美好與舒適生活，進入到自己無法發揮優勢的處境。從墜落的意象開始進入英雄之旅的愚者，突然踏入到自己最想逃避與不敢面對的世界，原來的秩序不見，生活進入混亂與黑暗，卻也發現未知的自己在墜落中浮現。

白色的狗：友善的伙伴

偉特用蹦蹦跳跳來形容白狗的狀態，代表狗正開心雀躍，牠沒有因為愚者走向懸崖而感到害怕，或想要警告愚者，而是與愚者一起期待著未來。在圖像中，愚者與白狗都墊起了腳跟，身體向前傾，象徵白狗是愚者的內在表現。在面對冒險時，有些人會樂觀地向著未知前進，有些人會悲觀退縮，並選擇避開危險。選擇前進的人，雖然知道危險，但比起危險，他們更好奇未知，傾向把危險視為一種可能性，是改變生活與自己的機會，所以才能不顧危險，向著未知前進。

愚者內在有著白狗，代表他對世界所感受到的是像狗一樣的友善，這種友善情感，也來自於過去愚者被他人支持與照顧的經驗。一個人感受到世界對他的友善，才能有信心度過難關，相信冒險途中無絕人之路，不管遇到什麼困難，都會有人幫忙，或總能自己想出辦法解決。在危難的故事中，能夠堅持到最後一刻的角色，大多像愚者，內在有著白狗，對人友善，相信活著就會有辦法面對。想要走向英雄旅程的每個人，都需在啟程前先找回對他人與世界的友善情感，才能有勇氣跳下懸崖。這也是一位王子會持有的態度，王子相信身邊的人會跟隨與支持，所以不會退縮、不會畏懼。在愚者圖像，愚者與白狗的形象，共同展現了每個人內在所擁有的心靈力量。

愚者牌的英雄旅程解牌

目前正經歷的歷程

正位

若在求問在目前正經歷的某些事情時抽到愚者牌，可解釋為你走入了英雄旅程中的開始階段。在你身邊可能發生了一些意想不到的事，使你進入了之前未經驗過的領域，或者認識了一些與自己相異的人群。你就像進入異世界的愚者，在平凡無趣的日常，看到了引起好奇的閃光。你想要靠近那些光，又有點擔心自己是否太衝動，做出讓他人不認同的行為。你想要回到平常，但卻也無法全然不理會已引起自己好奇的事，所以正處在想要躍躍一試，卻又試圖阻止自己、卻自己要理性的掙扎中。如果你願意接受英雄旅程的指引，就跟著愚者向著懸崖跳下去，但懸崖下方，是英雄歷練，會為生活帶來挑戰、挫折、受苦與成長，所以在跳下懸崖前，好好傾聽內心，問問自己：準備好接受英雄考驗了嗎？

逆位

如果在目前經歷的某些事抽到逆位愚者牌，可解釋為你因為害怕失去現有的安定而拒絕任何的變動。在你身邊或許發生了意想不到的事，但你會告訴自己，那些只是例外，只要度過了，一切就會回到日常，不需太在乎，所以就用等待黎明的心情，讓自己對身邊的變動視而不見，或是逃避。抽到逆位的愚者，說明你正在抗拒進入到英雄旅程，你說服自己：平安才是對自己最好的選擇，卻在乏味、無趣的生活中，羨慕著他人的冒險，感嘆自己的平凡。你覺得自己沒有冒險的機會，卻否認自己是因為害怕改變，而選擇停留在原地。

過去曾經歷的某段歷程

正位

如果求問過去的某段經歷抽到愚者牌，可解釋為在過去那段經驗，你學習到成為愚者的意義，發現一開始以為是衝動的決定，沒想到後來為自己的生活帶來了意想不到的機會。而你也因此學會，比起遺憾自己沒能做的事，還不如鼓起勇氣去做，就算沒有得到想要的結果，也能不留遺憾地放下。有過成為愚者的學習，我們在人生路上將更願意多方嘗試與面對挑戰，不再為了安逸而侷限自己的能力與機會。愚者願意跳脫習慣的日常，比起衡量失敗與成功，更能夠從過程中思考成長與意義，能勇於選擇不被他人認同的路，對未來充滿好奇與期待。

逆位

求問過去的某段經驗抽到逆位愚者牌，可解釋為在那段經歷，你因為害怕失敗而放棄了某些機會，而那件事成為遺憾，無法釋懷。愚者逆位，代表沒有讓自己走進英雄旅程，停留在原來的世界，選擇了安全的路。雖避開了不必要的危險與困難，但心頭仍不免繚繞「如果那時的選擇不一樣，現在自己會如何的想法」，為此一直感到困擾。雖然過去你未能即時跟隨愚者向著懸崖前進，但英雄旅程隨時都有可能在眼前展開，與其遺憾過去的自己，還不如現在成為愚者，做一次與過去不一樣的行動與抉擇。雖然過去無法改變，但如果把過去的經驗視為對現在的啟示，過去不管發生過什麼，都可以成為推動我們成長與前進的力量。

2. 第二站：冒險的召喚

神話之旅的第一階段象徵命運已在召喚英雄，並把他的精神重心從他所在的社會，轉移到未知的領域。這種寶藏與危機並存的致命地帶，可以是遙遠的異域、森林、冥府、海裡、天上、祕密島嶼、巍峨山頂……或者也可能只是在閒逛時，某個偶然出現的景象吸引了眼神四處張望，並誘使個人離開一般人經常行走的道路。

——坎伯／千面英雄，53頁

I魔術師、II女祭司

很多人追求心靈成長，並為成長付出努力，他們在自我探索的路上等待著走向英雄旅程的召喚與契機。但召喚未必是讓我們心動不已的機會，或者是讓人期待的邀請，通常召喚來自於讓自己害怕、討厭或想逃避的事，使我們會盡量閃避，卻不知閃避的卻是向我們招手的召喚。坎伯把英雄旅程的未知之地形容為寶藏與危機並存的致命地帶，所以聰明人會注意到危機，看到眼前的懸崖會機警的往後退，唯有成為愚者，對危機的無知，才能為了寶藏向著懸崖不畏懼地前進。

塔羅英雄旅程的愚者，所走的是內在成長歷程，所以召喚是從我們想逃避與害怕的事情開始的。當我們開始關注內在，自己與外在世界產生的矛盾衝突將無可避免。我們想要成為的樣子，以及外在期待我們成為的樣子之間，總是有太長的距離。想要符合他人的期待，就得壓抑自己的感受，想要隨心所欲，就不免讓身邊的人為我們擔憂與傷心。這些衝突讓我們在成為自己的路上感到疲累與無助。但踏上英雄旅程，就是要能夠跨越這些矛盾。魔術師與女祭司在召喚階段，向著愚者招手，這兩人是整合了人的內、外衝突與矛盾的智者的境界，他們成為愚者走向心靈成長的典範與引導，也讓愚者意識到，有了智慧的修煉，可以自在地在世界中遊走，轉化讓人感到痛苦的內外衝突。猶如宗教裡佛陀指向的覺悟、道教的成仙之道、耶穌指向的愛的實踐，愚者也從魔術師與女祭司的兩種境界，看到了自己最終要到達的心靈之境。

魔術師的圖像以向外展開的方式呈現，而女祭司則向內隱藏，兩者就像銅版的正反兩面，是靈性修煉所具有的兩個面向。魔術師以黃色展現了走入世界的實踐力，女祭司以藍色顯現了沉靜、內斂的氛圍。除了色彩上的區分，人物與場景的配置上，魔術師在圖像的最後方，所有的場景都安排在人物之前，象徵了魔術師向著世界全然開放的意圖。但女祭司在圖像的最前方，其他場景都在人物之後，而且背景還用布遮掩，象徵了無法被全然所知的隱祕之事。魔術師以站立的方式兩手向外展開；但女祭司是坐著，兩手向內收，還遮掩著一隻手，手上的卷軸文字有一部分被遮蔽。這兩張圖像裡的人物，有著陰與陽的對立又共存的互動關係。

在空間的安排上，兩張圖像中的人物都被空間限制，魔術師是用花叢限制了人物手指之處的上下空間、女祭司是用柱子框住了左右，這兩者的限制象徵著不同的意義。魔術師的花叢更清楚界定了人物想要通達的上界空間，偉特把魔術師解釋為神的意志在人身上的展現，象徵人在世界所行的神意。但女祭司的柱子與布簾，限制了大海一望無際的視野，卻又吸引著人去探望布簾後面隱藏的祕密。女祭司被偉特象徵為神祕聖所，是神與人的家，那遮蔽視野的柱子，成為進到神祕聖所的邀請，只有好奇隱密事物的人，才能進入。

魔術師與女祭司象徵了內在智慧與自我實踐並行的境界。猶如宗教裡有出家修行。但現代社會，宗教修行者會走入俗世，承擔起社會責任，就像台灣的人間佛教，深入民間，不只開辦教育，還承擔了各種慈善公益工作，讓修煉的智慧轉化為改變社會的力量。所以魔術師向外展現的圖像，象徵了用實際行動參與社會生活，女祭司則是魔術師的智慧所在。如果用佛教的概念來比喻，魔術師就像救苦救難的菩薩，他行走在人間，為眾生救苦，引領信仰者走向解脫的道路；但菩薩首先要成為開悟者，才能救助眾生，而女祭司就是悟的智慧。在愚者的英雄旅程中，魔術師與女祭司展現出愚者最終到達的精神修煉境界，成為愚者走向冒險旅程的召喚。

冒險召喚階段的提醒

進入到英雄旅程的冒險召喚階段，身邊發生的事情，都有可能帶領我們從人生的整體視野重新思考、定位生命的方向。有可能在一次麻煩的委托、被迫的選擇、突如其來的意外中，體悟自己的不足，開始質疑與思考未來想要成為什麼樣的人，以及想要成就什麼樣的人生等等。在召喚階段，需要看向個人的存在價值與目標，透過學習與省思，為自己找到安身立命的終極定位。

冒險召喚階段的考驗

我們都向著未來的目標前進，但什麼樣的目標，才是生命終極的意義所在？要如何才能知道目前所追逐的方向是否正確？當我們想要定位自己的人生意義、生命價值的時候，不只要看向社會價值所重視的自我成就，也需要思索什麼樣的自我實現，才能實踐自己的生命終極。魔術師會不斷詢問我們，是否能勇敢地向著世界展現了自己所能；女祭司則會不斷在成為自己與回應他人期待之間挑起衝突，推動我們走向整合之路。

魔術師（煉金術士）擁有轉化物質的能力，魔法不是無中生有，而是看到事物的本質，並洞悉涵括萬物的同一性。魔術師藉由跨界的想像力為世界帶來創新的事物。

I. 魔術師

圖像敘事

魔術師牌的人物退到圖像中的最後方，魔術師的魔法空間展開在我們眼前，沒有隱藏。前方的工作桌上，放置了四件魔法工具（小祕牌的四元素），他的四周被百合與玫瑰花叢圍繞。偉特描述魔術師是微笑、充滿信心的年輕人，他的手上拿著上下尖頭的權杖，雙臂張開，有著太陽神阿波羅的形象，以太陽的姿態，向世界展現他的影響力。他頭上的無限符號與腰上的銜尾蛇，有著無限與循環的意象，加強了魔術師向外施展的魔力。偉特圖像在工作桌上放置了煉金術中象徵地、火、水、風的四種物件，以及人物一手指天、一手指地的手勢，象徵魔術師是有能力轉變宇宙元素的煉金術師，他對這些元素的運作道理都能貫通，是創造新世界的創新者，想要為世界帶來新的秩序與可能性。

象徵解釋

手勢：改變天地的魔法

魔術師的手勢，在神祕學研究普遍用煉金術的經典《翠玉錄》（*Emerald Table*）的「上界如是，下界亦然」（as above, as below）來解釋，象徵天與人兩個世界的一體性。神祕學在華人傳統稱為「數術方技」，其中「數術」對應的是天道的大宇宙，通常是透過天文、地理被人所洞察，並運用各類卜卦法進行天道的解釋。而「方技」對應的是人道、生命的小宇宙，被運用為人體的修煉。雖然天與人有著不同的秩序，但人道是天道的複製，人道所遵循的是天道的法則，所以古人對人體的認識，都從宇宙秩序來對應，並發展出各式各樣與天道合一的精神修煉方法。同樣地，西方的煉金術，早期專注在於對宇宙元素的研究，但之後發展出精神的修煉，煉金術士先洞察了宇宙秩序，再把宇宙秩序在人體上貫通與運用。魔術師的手勢，強調了天人如一的道理，猶如《道德經》中所言：「人法地，地法天，天法道，道法自然。」從魔術師這個人物，道出了天地人萬法相通的道理。

心理學家榮格（C. G. Jung）曾經分享過漢學家衛禮賢（Richard Wilhelm）寫給他的書信，書信中講了衛禮賢在中國遇到的道士求雨的故事。衛禮賢居住的地方遭遇了嚴重的乾旱，情況很糟糕。天主教徒們列隊出行；新教徒們做禱告祈福；中國人焚香並沖天鳴槍，試圖嚇跑帶來乾旱的妖魔鬼怪，但都沒有下雨。最後，村裡的人說到：我們去找「喚雨巫師」。不久後村民便從遠處帶回一位乾癟的老頭。這位乾癟的老頭只要了一間很小的房間，之後便把自己反鎖在屋裡三天。第四天，天空雲朵聚集，在人們都絕望的時刻，下起了一場不同尋常的暴風雪。衛禮賢請教老人如何做到的，老頭兒說：「我來自於一個萬物都運轉有序的國家，一旦事物沒有按照上天的安排而次序顛倒，那麼整個國家就會陷入無『道』的狀態，自然萬物也會因為處於混亂而失去秩序。因此，我需要三天的時間去等待，直到自己恢復了秩序，遵循『道』的狀態，自然就會降下雪來。」

求雨的老人所說的，似乎就是「上界如是，下界亦然」的道理，也是魔術師一手指天、一手指地的象徵意義。魔術師猶如故事中的老者，能夠洞察自然萬物的秩序，也知道人道須與天道同行的道理，凡人無法滲透天地人為整體的自然之道，所以在我們眼裡喚雨猶如魔法，是奇蹟，但對魔術師來說，只是讓天地萬物回到有「道」的行為。當一個人能夠洞察萬物背後通達的道，原來不相干、甚至相剋的物質，都有可能找到可共融的方法。魔術師的手勢，連結了天與地，也是從個人、群體、社會、世界與宇宙的衝突中，找到共融和諧之道的修煉。

魔法道具：從不可能中創造可能

前面提到，魔術師是求雨者，雖然故事神奇好聽，但講求科學理性的現代生活已不再能見到求雨者了。所幸，我從料理人身上找到了魔術師的另一種原型。魔術師桌上的四元素的魔法道具，表面上是不同的四樣物質，但在魔術師的魔法下，四樣不相干的物質能夠結合出和諧的創作。猶如有創意的料理人，不會依食譜烹煮，更多時候會依手邊的當季食材來改變料理方式，並烹調出新的菜餚。食材就像魔術師桌上的四元素，食材的外觀與屬性都不同，甚至有些材料傳統上是不會放在一起的，但料理人會用他的味覺，想像這些食材搭配在一起的味道。對料理人來說，食材的味道才是他們要做出「一」道菜餚的關鍵，而不是依食材的外觀或屬性作分類而設計食譜。

味覺是感官，感官需要實際接觸，但還未烹調之前，料理人只能用他的經驗與想像力去想像不同食材之間混合後的味道。有一部有名的韓劇《大長今》，講述了宮中料理人的絕技。有一次，女主角大長今失去了味覺，但她需要烹調從未吃過的鯨魚肉，她就去詢問吃過的人的味覺感受，之後她就用想像力找到適合的食材後進行烹調。那一集非常精彩地點出了料理除了依賴味覺外，想像力也是重要的能力之一，或者說，美味的菜餚不只是技術成果，而是需要有想像力的創造能力。煉金術師的精神修煉，也是運用想像力才能進行的修煉歷程，猶如道教的修身，把器官與身體的運作想像為五行，找到養身修心的方法。身體內的五行運作是解剖學看不到的現象，人卻可以透過對大宇宙的觀察與想像，對應到人體的運作，也找到了相通的道理。但現代的實證科學，或許無法認同感官與想像力也是科學的想法。

在中世紀，不管是西方還是東方，當時的科學觀相信透過感官可以發現隱藏在現象背後的規律，所以在發展科學與各類發明上，運用感官獲得的知識變得很重要。當時的科學是從人的直觀與想像力實踐出來的結果。但由理性推動的新科學，則使得身體的感官決裂，科學不再認為感官是獲得知識的器官，轉向了可測度的東西，例如幾何學。現在我們可以透過科技驗證出萬物的最小有機單位，但在沒有科技之前，人透過經驗與想像，就已經得知人與萬物有著不可分割的同一性。這同一性被求雨者運用為改變外在秩序的魔法，在西方煉金術成為精神修煉的方法，但在當今實證科學影響下，無法數據化的求雨者成為不可能的傳說，煉金術也淪為江湖術士的騙術。

有煮菜經驗的人，多少都曾把不相配的食材搭配在一起，卻獲得意想不到的結果。當自己的直觀與有創意的想法成功被實踐時，不管是多微小的事，也會大大的提升個人信心，這就是自我實現的開始。我們常把自我實現理解為在社會上獲得他人羨慕的成就，並努力去回應他人的期待，但自我實現是對「我」的想法與能力的實踐，每個人都有獨特的想像與創意，當這些想法被實踐時，未必會獲得他人的認同，但不代表那些就是沒有創意的想法。當一個人的所作所為得不到外在的好評或認同，他雖可以自得其樂，卻無法化解在社會實踐上的失落。個人的成就與社會期待的落差，是在自我實現中一定會遇到的困境，魔術師雖擁有創造力，但作為這時代的求雨者，也未必獲得認可。個人能力的獨創性的展現是魔術師的作為，但如何讓自我實現與社會期待達到整合，就需要女祭司的智慧。

魔術師牌的英雄旅程解牌

目前正經歷的歷程

正位

求問目前進行的某件事情，抽到魔術師牌，可解釋為你進入到英雄旅程的冒險召喚階段，在此階段，不管正進行的事情是什麼，都需要重新從生命整體性的發展進行自我定位，為自己找到長遠的生涯目標，才能好好應對所求問的事情的未來發展。魔術師是自我實現的渴望，不只展現出自我的獨特價值，也期待可以影響他人或改變社會，但要如何做才能實踐獨特的自我價值，需要在魔術師階段進行覺察與省思。不管問的事情是人生的整體發展、還是特定的事件，在魔術師階段，都需要暫時從原有的思維中走出來，並從生死的生命整體中重新考量自己想要成為什麼樣的人，以及想要實踐什麼樣的人生意義。有了這些思考後，不管在多微小的事情上，你都能實踐自我，看見成長與改變的自己。

逆位

求問現在進行的某件事情抽到逆位的魔術師牌，可解釋為你在逃避與抗拒召喚，也代表你正在否定自己，認為自己不可能有好的表現，害怕接受任務之後的失敗，而一直停留在原地。英雄並不是一開始就是能力者，而是願意接受改變的態度讓一個人成為英雄。當抽到逆位的魔術師牌，代表你過於在乎過去被他人否定或失敗的經驗，不再相信自己，因而說服自己不去改變或行動，以避免失敗。逆位魔術師在提醒你，重新從長遠的人生目標回看自己，問自己在未來想要成為什麼樣的人。或許魔術師的召喚一直在身邊，但對自己的否定與不信任，會使你對召喚視而不見。

過去曾經歷的某段歷程

正位

如果求問過去的某段經歷抽到魔術師牌，可解釋為在那段經驗中你學習到自我實現的經驗與意義。你有了展現自己的機會，學習到自己永遠都可以改變，也發現過去所不知的個人潛力，並好奇地想要激發與嘗試各種挑戰與可能。魔術師的經驗，讓你對自己產生了更多的信心，或許過去的那段經歷只是微不足道的小事情，但那次事件給帶來自我肯定與信心，幫助你在之後的旅程中願意不斷接受召喚與挑戰，並且願意適度地拒絕外在期待，走向自己想要成為的未來。

逆位

如果求問過去的某段經驗，抽到逆位魔術師牌，可解釋為在那次經歷中，你拒絕了召喚，可能是一開始遇到的困境與挫折，害怕承擔責任，而放棄了機會。逆位的魔術師代表你還未從那次的經驗中釋懷，並認同了自己的無助或無能為力。用逆位魔術師的意義來看待過去的經驗，是用過去侷限了未來，並且你一再說服自己，做自己是困難與不可能的。雖然過去已發生的事無法抹除，但我們可以從現在去改變過去經驗的意義。如果願意重新為自己的人生定位，開始從微小的事情中，找到你內心的聲音，並做出一些改變，有機會讓過去的逆位魔術師，成為推動走向英雄旅程的助力，不再讓過去侷限未來。

II. 女祭司

圖像敘事

女祭司所在的領域是心靈世界，魔術師洞察外在世界的同一性，而女祭司是透過靈性的智慧統合外與內、身與心、理性與感性的對立。

女祭司的圖像充滿被遮蔽的意象，除了人物在最前方，清楚展現了她的身影，其他配置都在遮蔽後方的大海。人物身上的藍色服飾與背景中的藍天、大海，在色彩上形成一體性，象徵前景的人物與背景是同一體，女祭司本身也是大海的人格化。女祭司兩旁的黑白柱子與布簾，隔絕了人物與大海，柱子上的B與J字樣、布簾上的石榴、女祭司手上的卷軸意象，都取自於猶太教的象徵；頭上的伊西斯（Isis）女神頭冠與聖母的藍袍與十字架，這些都象徵了宗教裡的神祕傳統。女祭司沉穩地坐在椅子上，雖沒有像魔術師一樣的行動力，但眼神並沒有從世界移開，她像魔術師，洞察事物的本質，但她並沒有要創造或改變世界，而是用她的大海滋養著世界，並讓世界在她的大海中共融與共存。

象徵解釋

大海：無意識的領域

最近我去買飲料，發現飲料單上有很多好聽又有感覺的名字：雪花冷露、莓好旺來、憶難忘……，這些名字雖無法直接提示飲料的口味，在看到名字時，不自覺會想像飲料的味道，如果無法知道飲料所使用的材料，我們是如何從名字中想像出味道的呢？這時候，就需要從記憶的大海中，去尋找飲料名稱讓人聯想到的感覺，把記憶中的感覺與味覺作連結，嘗試去想像味道。傳統的飲料命名是功能性的，直接可以從名稱識別飲料種類與屬性，幫助我們快速完成買飲料、喝飲料的目的。但模糊的、感覺性的命名，展現的是味覺意象，強調的不是功能分類，而是喚起記憶中的感覺，這時名字就成為味道的象徵。

看著意義模糊的飲料點單，無法快速進入判斷，會需要從回憶的大海中翻找感覺，之後才判斷想不想喝這種味道。這樣雖然降低了效率，卻可以享受想像味覺的樂趣。效率與目的是理性掌管的世界，但心靈所在的領域，承載的是感受，這裡堆滿了經驗與回憶，沒有被有效的分類與歸納，猶如深海寶藏隱藏在某個角落。能夠定位這些寶藏的是「感覺」，所以我們會因為某種聲音、味道、觸感而突然想起早已遺忘的回憶，這些被喚起的回憶，會讓原來有效率但無味的生活突然變得有意思。榮格就用象徵來指稱了幫助人潛入無意識大海的意象，透過在生活中經驗到的某物或某事，連結無意識的橋樑有可能突然閃現，這時無序的回憶就像海浪，一閃即逝地拍打著人的思緒，激起各種情感浪潮。這一刻我們就有可能透過回憶，連結起與世界無法分割的情感。

心理學家佛洛伊德（Sigmund Freud）用冰山的意象解釋了意識與無意識的內在世界，而榮格則不只看到冰山，還用圍繞在冰山的大海，看向人跟人在無意識領域的心靈連結，這就是女祭司與大海的意象所象徵的意義——那是心靈所在之處，也是世界與人相連的源頭。人的內在，無法只從個人層次的意識與無意識來界定，尤其是無意識，那是意識感知不到的地方，不只有個人本能的欲望所在，也是探索靈性、神聖的超越意識的領域。宗教傳統也會透過特殊的修煉方法，讓人的意識進入到超越的境界，例如佛教的冥想、藏傳佛教的觀想、基督宗教的默想等。無意識的浩瀚，來自於人與世界的神祕連結，當我們探索個人的無意識，一方面會讓人成為獨特的個體，但同時也會讓人體會與世界不可分割的共在情感，所以女祭司人物以藍色意象看向世界，她背後有著藍色意象的大海，人與大海成為一體，這就是女祭司給愚者呈現的智慧道路。

人不只有過去，也需要展望未來，能夠對未來進行規劃的是意識的工作，所以女祭司的圖像，一方面有大海在背後無限向後延伸，讓人與過去世界產生連結，但女祭司並沒有在大海裡，而是坐在陸地，與大海用布簾與柱子阻隔。人屬於無意識的大海的一部分，但我們大多時間是在意識思維中生活，所以會遺忘我們屬於大海的事實。這時，女祭司身上的宗教象徵（托拉卷軸、十字架、伊西斯女神），引導我們思考精神生活，讓我們再次看到連結大海的橋樑。當然，我也沒有從飲料單上的名字，領悟到女祭司的智慧，但在生活中喚起短暫的情感經驗，暫時從理性中出走，用感覺連結身邊的人與世界，是現代效率生活很缺乏的體驗。所以需要多多嘗試，慢慢接起與心靈的連結。

女祭司、柱子與卷軸：非意識的領域

女祭司是2號牌，比起1號魔術師，女祭司更清楚認知到對立與矛盾。我們在社會中要履行各種倫理責任，倫理就是長幼有序、君臣有別，清楚的階級、地位、身分區別讓社會井然有序。但區別就會產生對立，如父母跟小孩在教養中的對立、老師跟學生在教學中的對立、老闆與員工在執行工作目標上的對立等等。女祭司身旁的柱子，分別用黑與白的顏色展現了對立，但猶如道教的太極圖，柱子上的文字突顯了對立與融合的意象。女祭司就是能夠跨越對立的整合之道，這種整合是意識與無意識共進時才會發生的，就像圖像中兩邊對立的柱子，與在柱子之後涵融一切的大海共在，整體圖像所創造的空間是意識與無意識共創的世界。

日本心理學家河合隼雄曾經在著作中分享過一個他變為病人的夢。夢中他正走入自己的診療所，但他卻在候診的椅子上看到自己，以病人身分在等待看診。醫生與病人是對立的身分，但在河合隼雄的夢中，自己是醫生又是病人，透過這次的夢，河合隼雄領悟了醫生與病人二者同時共存於他內在，這種領悟，幫助他與他的病人建立更為深刻的情感連結，而不是只以醫生自居，認為病人都需要他的醫治。河合隼雄經由解夢找到了醫生與病人對立與衝突的整合之道。整合並不是兩者的合一，就像女祭司的柱子還是黑白分明，醫生與病人在社會角色還是要區分，才能執行治療。在社會的體制上，角色分明才能讓體制運作，但在執行層面，人跟人的連結並不是體制，而是雙向運作的情感交流，這時如果堅持清楚界定彼此，反而會在衝突中受苦。

整合之道的修煉，我們也稱之為智慧，很多宗教的智者，在平常的言談之間就能展現整合的智慧。我曾幫兩位來自於不同國家的禪師們進行口譯，當時A禪師問B禪師：「禪師，現代人有太多煩惱，他們的幸福指數都很低，你是修行者，但同時又經營這麼多世俗事業，你一定有很多煩惱，那你幸福嗎？」聽完，B禪師回：「幸福啊，因為我的煩惱就是我的幸福。」一話後，兩位禪師相互哈哈大笑，那笑聲化解了原來A禪師提出來的，幸福與煩惱的衝突，但那不只是語言的機智，而是融入了智慧，將對立化解。

在概念上，幸福與煩惱無法共存，有煩惱就不會幸福，幸福就不會有煩惱，這是凡人的思維。但依我們所創造的「意義」，幸福與煩惱可以成為在意義下共行的必然狀態。例如很多父母煩惱著生計，卻因為這些煩惱是為了小孩的未來著想，感受到養育小孩的幸福，為了下一代而努力的意義，讓煩惱成為走向幸福的煩惱。在苦境中的很多人，大多都是在對立中糾結，例如：女性在工作與照顧家庭中的矛盾、父母的關心與想要獨立的小孩、員工與老闆之間的利益衝突等。在充滿對立的情境，我們會感受到無能為力與無助，被迫做出二擇一的選擇或犧牲，這時就需要女祭司的智慧，找到整合對立的意義。

意義的領悟來自於對經驗的省思，像河合隼雄從醫病關係的經驗，發現心理治療的精神在於與病人的關係建立，所以比起治好病人的醫生，如何與病人建立有意義的關係，整合醫生與病人的對立，更為重要。曾經我也因為想要有好的工作表現，同時也期待自己成長，所以回學校進修，雖這兩者都是我的選擇，但在時間上的衝突，好幾次說服自己二擇一，不能兼得。但回想工作、還是進修，我的動機都是為了像愚者一樣體驗世界，而且兩個世界的體驗與學習會相互交流，都成為我個人的成長養分。有了這樣的領悟，我就不再在工作與學習中力求表現與完美，反而以享受的態度量力而為，之後雖然還是很忙，但忙中有樂，並不是衝突。整合需要比當前更高的視野，才不會糾結在二擇一的困境中，但視野並不只知識學習，也需要從個人的經驗去省思才能獲得。女祭司的整合之道，讓魔術師在自我實踐的過程一一化解衝突，這就是愚者在英雄旅程中從這兩張牌獲得的召喚——盡己所能活出自己，並讓自己與世界和諧共處。

女祭司牌的英雄旅程解牌

目前正經歷的歷程

正位

求問目前所進行的某件事抽到正位的女祭司牌，可解釋為你的英雄旅程進入到召喚階段，並且可能正經歷各種矛盾與衝突。這些矛盾，都在指引你尋找化解矛盾之道，而且你也認知到，矛盾的化解要從自己開始，無法要求他人為自己改變。或者，在身邊可能會見識到有人很有智慧地處理矛盾，讓你對這樣的應對能力心生嚮往，想要成長與學習的動機在心裡萌芽。女祭司象徵這次的召喚會讓你走向心靈成長的道路，比起在社會上成為有影響力或改變他人的成就者，你對自我探索更有興趣，並也開始對探討人性的宗教、心理學、神祕學等領域感興趣。同時也會像女祭司，在生活中成為安靜的觀察者，並對過去的經驗與回憶進行省思與探討。

逆位

求問現在進行的某件事情抽到逆位的女祭司牌，可解釋為你正在抗拒英雄旅程的召喚，比起自我探索，更把注意力放在他人身上，並把事情中的阻礙與困境，視為是環境與他人所造成的結果，拒絕省思自己的言行背後的問題。女祭司要求我們從自身開始改變，才能真正的改變世界，但逆位的女祭司就會抗拒這樣的要求，無法回看自己的內在。獨處或面對自己是需要勇氣的一件事，所以女祭司才會有著很多宗教象徵，讓宗教的智慧，引導我們作黑暗的內在探索。或許你也可以從宗教、心理學、哲學等領域，一步一步接近自己，發現人並不全然在世界中無能為力，而是可以透過智慧面對衝突與矛盾。想要接納英雄旅程的召喚，需要先從自省開始，把問題先轉向自身，才能找到改變之道。

過去曾經歷的某段歷程

正位

求問過去的某段經歷抽到女祭司牌，可解釋為在那段經歷，你學習到用開放的心態，面對阻礙與衝突，並為自己打開成長與認識自我的機會，成為接受召喚的意義。人的內在與外在世界相互投射，如果避開了衝突，不只是避開外在的事情與他人，同時也代表逃避了自己。整合衝突是女祭司的智慧，但這需要以開放的態度來面對自己的不足，也能如實接受那些必然存在的、反對或拒絕我們的事。過去經歷過的女祭司的歷練，會讓我們學習不管是什麼樣的困境，可以透過對自己的省思和與他人的對話，獲得化解。學習到女祭司的意義，會幫助我們在衝突前冷靜、成熟應對，不再因為害怕而驚慌或逃避。

逆位

如果求問過去的某段經驗抽出了逆位的女祭司，可解釋為你在那次經歷中拒絕了召喚，所以也未能進入英雄考驗。你可能害怕跟他人的衝突與不愉快，所以盡量用沉默或轉移注意力的方式應對問題，沒能好好表達自己的想法。那次發生的衝突，有可能在你心中留下了遺憾與傷痛，無法釋懷與放下，也有可能害怕再次發生與過去類似的情境，而戰戰兢兢。雖然過去你沒有接受召喚，但改變機會依然存在；或許在你身邊還是有類似的衝突存在，不如把它視為一次召喚，用開放的態度去應對。走入衝突雖會讓人不舒服，但我們無法逃避一輩子，學會化解衝突之道，才能完成一次自我成長的學習。

3. 第三站：拒絕召喚

拒絕召喚是拒絕放棄個人據為己有的利益。未來不被視為一連串重複的生死，而是把個人現有的理想、德性、目標及利益，看成彷彿可以被固著和安定的體系。

——坎伯／千面英雄，55頁

Ⅲ皇后、Ⅳ皇帝

在拒絕召喚這一階段，英雄面臨了抉擇的十字路口——如果接受召喚，就需走入讓人害怕的未知；選擇拒絕，就可停留在原地，生活在熟悉的規律中，安定又舒適。這是展開英雄旅程的愚者勢必經歷的猶豫與兩難。我們在各個生命階段，也會面臨類似的抉擇考驗，例如學校畢業後，是盡早找工作，讓生活獲得安定，還是去打工遊學看看世界？選擇成為安定的公務員，還是嘗試更有挑戰性的工作？是否依家人期待結婚，還是追求自己的職業夢想？是否要生小孩，還是過兩人生活？何時退休？是否買房……，人生抉擇，並不只是考量自己的要或不要，更多時候是在「做自己」與「回應他人期待」中進行協調與整合。

坎伯發現如果神話英雄拒絕召喚，就會換來死亡，或受人嘲笑，這也是英雄在出發前必然會面臨的抉擇困境。但並不是所有拒絕都來自於愚者本人，有些時候，是環境阻止我們走向英雄旅程。以佛陀的故事為例，悉達多太子出生時，就有僧人預言這小孩會出家成為僧侶，所以父王就讓小王子在宮中過著奢華的生活，滿足他所有的願望，不給他想出家的想法。在宮中長大的王子，結婚生子，等待著接任王位，權力、財富應有盡有，直到他出宮後看到生老病死的苦境。這成為王子的召喚，但他必需背棄父親、妻兒，做出違背倫理的抉擇。最後他決定走向成為覺者的旅程，他的英雄旅程，讓他像逃犯一樣，在夜晚逃出皇宮，拋下了榮華富貴，成為一無所有的苦行僧。

悉達多太子在四次出宮，親眼見到生老病死的時候，其實也是漸近式地在經歷召喚與拒絕召喚的內在糾結。塔羅裡的愚者，雖從魔術師與女祭司的召喚，看到了自己渴望達到的境界，但追求魔術師與女祭司的智者之道，卻充滿考驗與坎坷，有可能窮困又無法安定，努力了一輩子卻在他人眼裡一事無成，只能孤身奮鬥，無法獲得他人認同。反觀皇后與皇帝擁有俗世的享樂與安定，這是社會普遍認同的價值——事業成功、生活優渥，成為他人稱羨的對象。愚者在旅程前猶豫了，他看著皇后坐在大自然中，享受著生命的美好，皇帝則坐在他的王座上，統管著一切。愚者也想要像皇后一樣輕鬆過生活，只需活在當下；也想像皇帝一樣，可以全然主導與管理生活，不需去面對未知的挑戰或考驗。皇后與皇帝讓愚者拒絕召喚，但拒絕並不是為了放棄旅程，而會幫助愚者再次確認，他真正想要追求的是什麼。

皇后牌與皇帝牌的背景都是大自然，但皇后坐在有四季變動的自然當中，強調了此時此刻，她被綠樹、穀物、溪流環繞，被自然守護，她的身體放鬆地斜坐在有靠墊的椅子上，在這裡她是安全的，不需擔憂未來或危險，只需享受美好的當下。皇帝則坐在不易變動的石頭山前，象徵了人想要追求的穩定與恆久。他猶如世界的掌管者，大大的石頭椅佔領了圖像中央的位置，後面的石頭山支撐著寶座，皇帝警覺地看向遠處，預先排除可能會發生威脅，確保寶座可以長長久久。皇后與皇帝分別代表了享受當下以及擁有恆久不變的未來的人的兩種期望。

皇后與皇帝的道路，是社會價值普遍認為美好人生的成就，這條道路，很多人已幫我們開拓，方向清楚、明確，只要跟隨他人的腳步就可以達到目的地。這條途中很多人跟我們走在一起，是看得到結果的康莊大道。然而，如果皇后與皇帝就可以成為人生路上的指引，我們為何還要追求魔術師與女祭司的境界呢？因為皇帝所追求的永恆在死亡前變得脆弱，皇后所享受的當下，會無法承擔離別的痛苦。生離死別無可避免，所以才有宗教，試著從人的受苦之處給予化解苦難的解方。皇后與皇帝讓我們擁有富足、安穩的生活條件，但這些並不代表真的可以令人感到滿意與安心，反而會時刻擔心失去所有。魔術師與女祭司的道路需要自己開拓，不只會迷路，也有可能無路可走，但為自己造路的過程使我們成為真正的強者，有勇氣與智慧跨越生離死別的生命功課。

拒絕召喚階段的提醒

在拒絕召喚階段，愚者需要跟隨著皇后與皇帝，學習過好平凡、規律的生活，日常生活中的安定感，是踏入冒險必須的準備，在每天重複、規律的生活中，愚者才能培養自我管理的能力，並與他人建立親密的友好關係。這些都是進入冒險旅程前，愚者需要先具備的能力。

拒絕召喚階段的考驗

在召喚階段，愚者雖已開始期待自我實現的未來，但在進入英雄旅程以前，需要經過拒絕召喚的歷程，考驗愚者是否有足夠的自我管理，以及與他人建立友好關係的能力。在出發成為英雄以前，是否能夠在日常中與他人建立情感、是否能夠嚴謹的要求自己，都會成為這一階段愚者需要完成的考驗，有了皇后與皇帝的歷練，愚者才能在下一個階段認出保護者，並與保護者相遇。

皇后是大地之母，是此時此刻的存在，沒有對未來的意圖與目的，享受當下，讓生命安處在無常，享受、體驗自然與生命帶來的美好，擁抱現在。

III. 皇后

圖像敘事

皇后是被自然環繞與守護的女性，與女祭司以宗教象徵為主的表現不同，皇后圖像都是自然與宇宙元素，她是大地之母，滋養萬物的源頭。她頭上戴著裝飾著十二顆星星的皇冠，象徵了黃道十二宮，與她的椅座下的愛心與金星符號互應，形成宇宙空間。她身上的長袍繪有象徵多產的石榴，在人物的後方，有著從遠處流下來的溪水或瀑布，水流直接注入到皇后所在的地方，象徵了皇后為滋養萬物的原動力。皇后的坐姿悠閒輕鬆，斜靠在舒軟的靠墊上，手上圓形的手杖與珍珠項鍊，都表現著軟柔的線條與美感。她就像四季，以變化來裝飾、美化世界，滋養與擁抱我們的身心。

象徵解釋

依季節變動的自然萬物：安住無常，活在當下

大自然比人還恆久，但它們的恆久是因為不停的變動而帶來的永恆，猶如佛教所說的無常。我們以為無常中沒有可長久的事物，但因為無常，反而讓萬物可恆久循環與再生，這就是皇后牌所代表的意義。古希臘哲學家赫拉克利特（Heraclitus）曾說：「人不能兩次踏進同一條河流。」這句話體現了大自然的本質，它們無時無刻都在變化，而人也在改變，所以每一次踏進去的河流不只不同，每次踏進去的人也不同。從經驗來看，世界上沒有固定不變之物，但我們也常會舊地重遊，並且會懷念地說：「猶如回憶中，沒有改變。」但過不久也會說：「變好多，跟以前不一樣。」人看待世界的方式，有時是從當下的經驗層次去觀看，就會看到無常的道理，但我們也在追求穩定不變的安全感，所以會從一切如故的觀點看待萬物的恆久性。

例如遇到故友，也會有變與不變的兩種觀點。想要找回過去的連結時，我們看向對方沒有改變的特質，並說：「你跟以前一樣。」這時，很久不見的陌生感，會被熟悉

的過去所覆蓋，對方不再是十幾年沒見的陌生人，而是記憶中的好友。但在見面長聊過程，我們開始看到對方與記憶中的不同，這時就會說：「你變好多。」到底什麼沒變？什麼有改變？這取決於我們把觀察點聚焦在皇后的無常，還是皇帝的恆久。當看向無常，就會感慨時間的流動，在無法停歇的變動中，對活著感到不安與害怕。如果看向恆久，就會安心地感到原以為失去的，依然還在，現在所擁有的，也不會失去。但看向無常的人，較能夠學會放下，看向恆久的人，害怕改變與失去。

在社會生活，我們努力建構恆久性，所以想要穩定的工作、買房、結婚、生子，這些都能帶給我們長久屬於自己的安定感。但追求安定的人，就會陷入到擁有與失去的痛苦中。所以宗教教導我們洞察無常，並能夠珍惜當下，放下執著。越南的一行禪師所推動的正念（mindfulness），就是從生活中訓練我們進入「當下」的修煉法。凡人為了追求恆長，心思都在準備未來，期待「現在」持續不變，所以我們的身與心定沒有同在，吃飯時想著要開會的事、工作時想著休假去旅行、玩樂時憂慮沒完成的工作⋯⋯，身與心的距離產生鴻溝，被焦慮與不安填滿，所以身、心的距離越遠，我們就越活在煩惱的世界。

一行禪師在法國成立梅村，讓世界各地的人都去體驗正念生活。在梅村有一個規則，每天定時敲鐘，聽到鐘聲時，不管在哪裡、做什麼，直接原地停下來，放下手邊所有的事，讓心回到當下，身心合一，之後再恢復原來的活動。最快幫助我們找回心的方法是數呼吸，數息也是佛教在進入冥想前幫助冥想者專注的方法。身心合一是一種活在當下的體悟，雖然我們認知的時間有過去、現在與未來，但從身心合一的狀態來看，只有現在，所有的過去是已完成的現在，所有的未來是未完成的現在，所以活在當下的體驗，也就是讓我們好好活在每一刻的修煉。

活在當下是不再煩心過去、展望未來，我們只能好好體驗現在的每一刻，所以吃飯就吃飯、喝茶就喝茶、走路就走路、睡覺就睡覺，不能一心二用，只能專注在當下。人活著，隨時都有可能死亡，所以珍惜當下很重要，能夠無時無刻從皇后牌領悟生命的無常，我們就能在當下安處，並與皇后一樣，學會珍惜現在。皇后不會活在未來，就像皇后的大自然何時會有土石流、地震、山崩，無人能預測。等失去後再後悔，並不是皇后的態度，憂心未知並不是大自然的智慧，自然只讓我們忠於當下的每一刻。愚者在皇后階段學習不憂慮未來，不遺憾過去，好好活在現在。

皇后：愛與情感的化身

皇后斜靠在椅墊上的身體是舒適、放鬆的，象徵皇后重視身體感，所以她的服裝在所有塔羅人物中，最為舒適，柔軟又輕盈，自然地垂墜在身上。她的服飾，沒有皇后的氣勢，展現了皇后平易近人的氛圍。她的椅子用愛心支撐，象徵了皇后是愛的化身。一般我們談論的愛，很多都是有關愛的概念，但愛的體驗，在成為語言以前，是感受，而且是無法用語言好好表達的感受。愛一個人會影響所有的感官體驗，看到所愛的對象，視覺變得盲目；跟喜歡的人吃東西，什麼都好吃；對方總是有著吸引人的香氣，還有跟對方接觸，都帶著如靜電般的心動。

愛本身是心動的感受，但在相愛的某個時刻，這種感受會慢慢消失，最後只留下兩人的生活習慣。這種感受為何會消失？何時會消失？無法找到答案。但皇后圖像會告訴我們，心動的感受是身心合一的體驗，就像正念的練習，當我們喜歡上一個人，跟對方在一起時，會全神貫注，這時身心都在對方身上，對方的一舉一動、一言一語，都會成為讓我們心動不已的魔法。但不知何時開始，我們不再全心投入到對方的身上，重複的約會、見面、聊天，似乎都能猜得出對方的下一句會說什麼，下一步他會有什麼舉動……。這些可被預測的習慣，使我們不再為對方感到好奇，原有的專注力不見了，跟對方在一起時，心卻遠去他方了。

所以，不是心動的感覺沒有了，是我們的心不在此時此刻。只要心遠離，各種感官體驗也無法入心，沒有心就不太能品味美食，沒有心無法欣賞美景，沒有心嗅不出香氣，沒有心更不可能對接觸有感受。從我們自認為已經了解對方的那一刻開始，心就會飄移到遠處，愛的感覺從此刻開始消失。皇后的金星象徵著愛，但它也是一顆恆星，能夠讓愛恆久不變的並不是代表愛的鑽石、婚姻、小孩或承諾，而是像皇后一樣的身心合一體驗。愛的感受是我們被對方全然接納的安全感，但這種感受，並一不定只會在愛的人身上才能體會，活在當下的練習，也是與萬物融合的練習，不管是深呼吸、曬太陽、淋雨的當下體驗，我們會感受到與萬物無別，生命被這世界全然接納，這就是皇后所象徵的愛的感受。一旦我們學會了活在當下，在愛情中，心動的感受才能日日如新恆久遠。愚者在皇后階段學習的身心合一的愛的感受，讓他不管面臨什麼樣的考驗，就算要面對死亡威脅，也能因為有愛的感受，不輕易放棄或氣餒，找回持續走下去的力量。

皇后牌的英雄旅程解牌

目前正經歷的歷程

正位

求問目前正經歷的歷程抽到皇后牌，可解釋為你進入到拒絕召喚的階段，正享受美好人生，無暇煩惱或認為需要未雨綢繆。你認為人生苦短，不需把時間浪費在還未發生的未知，如何好好享受現在才是最重要的價值。對於人生，你並沒有遠大的目標，只要能夠每天過的開心，工作愉快不勞碌就好，不需被過度的責任感折磨自己。生活有太多有趣的活動，所以你很滿意於目前的生活，無法理解為何有人會想要接受困難的考驗，自願走入辛苦的處境。如果你尚未全然放鬆，讓自己享受生活中的悠閒，在拒絕召喚階段，學習讓自己不憂慮未來，愉快、沒煩惱地過日子。

逆位

求問目前正經歷的歷程抽到逆位皇后牌，可解釋為你無法接受平淡的生活，想要讓自己跟他人不一樣，有獨特表現，所以很想要透過冒險、挑戰來表現自己的不同。你會因為過著悠閒的日子而坐立難安，看著其他人為生活忙碌，有成就，反觀自己，卻看到自己的原地踏步與一事無成，所以想要脫離皇后狀態，嘗試更多的挑戰，讓自己成為有成就的人。逆位皇后在提醒你，在進入英雄旅程之前，要能夠學會自在過生活。比起社會成就，更需要珍惜現在擁有，如此才能在英雄旅程中，不會因為急躁追逐目標而耗盡體力，這不只會容易受挫，困境時會感到無助，並很快放棄。

過去曾經歷的某段歷程

正位

求問過去的某段經驗，抽到了皇后牌，可解釋為在那段經驗中，你學到了好好生活、照顧好自己的重要性，雖然沒有讓人羨慕的成就，但度過一段舒適、怡人的生活。

如何珍惜當下，並與他人分享快樂，也是人生歷程中的重要學習。有了皇后般的生活體驗，我們的身心才會安定，並拓展出深層連結的人際關係，不只學習愛自己，也能關懷他人，給予他人支持。在拒絕召喚階段，生活雖平淡、規律，但放鬆的生活才能幫助我們儲備足夠的能量，等待在未來的英雄考驗，全力以赴。

逆位

求問在過去的某段經驗，抽到逆位皇后牌，可解釋為你並沒能在過去的那次歷程學習到皇后的意義。你沒能安於現狀、珍惜當下，反而為了追求成就，做出了很多不必要的選擇與行為，且在過程中遇到挫折、誤解與失望，對自己也產生了更多的質疑，因而更害怕去面對未知或考驗。過去的經驗，可以成為現在的鏡子，如果過去沒有完成皇后的歷練，可以從現在檢視自己的生活狀態，並學習從皇后的態度觀照自己的生活。暫時放下對過去的遺憾、對未來的不安，先讓自己好好的享受與珍惜現在有的一切，就可以在現在這一刻，重新讓英雄旅程在眼前持續展開。

皇帝是世界的秩序、權力與地位，也是最高權威者，統管著一切。他在世界建造了自己的王國，守護著他的疆域，不再向外征服，更傾心於經營他的世界。

IV. 皇帝

圖像敘事

皇帝猶如皇后，也坐在大自然當中，但他的自然不會依四季變動，而是沒有綠樹的石頭山作為皇帝的靠山與背景，歷久不衰地挺立在皇帝的背後。他所坐的石頭椅、身上穿著的盔甲，都成為皇帝的重要防護。頭上的皇冠與兩手握著的權杖與圓球，象徵了帝王的權威，使他成為獨攬大權的統治者。皇帝是一位老者，比起四處征戰，他更重視如何守護自己的疆山，所以皇帝在王座上，不斷制定更好的制度，讓他的世界能夠有秩序地運作，並期望永續發展。在皇帝的圖像中，唯一會變動的是在石頭山下流動的小溪流，皇后的水流沒有阻礙，流暢流動，但皇帝圖像中的水被高山壓制，象徵皇帝抵制變動，讓世界停留在他可以掌控與管理的狀態。

象徵解釋

石頭：恆久不變的期望

社會需要秩序與管理才能運作，同樣道理，個人也需要有制度與秩序，才能好好發展。但我們卻很少省思如何管理自己，或如何制定自己的秩序。每個人就像自己世界的國王，可以依想要的方式，安排這王國的規則。但事實是如此嗎？更多時候，我們需要配合他人，發現自己沒有太多的主導權令人感到挫折。但成為一國之王，並不只擁有主導的力量，同時也需負起讓王國永續發展的責任，但我們所感受到的挫折，大多聚焦在無法成為王的困境，卻很少省思讓王國永久不衰的管理能力。

有效率的制度與管理才能讓社會運作順暢，我們自己的世界，也需要有效的規律與紀律，持之以恆地執行它，才能運作正常。制度是人為的要求，並不是可自然做到的事，所以符合制度的過程，就像雕塑原石，需要不斷去除原有的樣子，才能雕琢出特定的樣貌。然而，雕琢的過程，必伴隨著痛苦與折磨。從小我們被要求自律，從學習走路、吃飯、上廁所、上學、交友……，都需要放下自己的任性去學習，過程中可能會遇到困難或抗拒，但我們還是會向著目標前進。當自己能夠自主完成困難的任務時，成就感帶來的快樂與滿足會成為想要進一步改變自己的動力。

自律與自我管理，會幫助培養更堅強的自己，表現在社會關係上，能展現出較為穩定的行為與性格，給他人信任感，同時也能將自己的生活掌握得更好，符合社會對成熟人格的期待與要求。這就是皇帝的石頭山所象徵的意義，不易變動的性質，讓一個人穩如泰山，這對需要長久承諾、信任與堅持的社會關係，是不可或缺的優勢。透過自律，我們的王國逐漸完成，自己在王國中可以成為王的成就感，會讓我們持續向著永久不衰的方向努力經營。

皇帝會像石頭山一樣，一直矗立在原地，會給人十年如一日的安全感。如果要開挖新的路，路需要避開石頭山，而不是移山。成為了國王後，會害怕改變，因為改變可能代表失去原有的掌控力。成為王的我們，努力維護自己的世界，讓它維持原來的狀態。這就是愚者在走向英雄旅程時，會拒絕召喚的原因，石頭山成為一個人不易改變的習慣與固著的性格，阻礙個人冒險，愚者害怕一旦接受召喚，走向未知的冒險，不再能成為掌握一切的王；愚者無法想像沒有王座的自己，所以拒絕召喚，停留在原有的生活中。

看向他處的眼神：憂慮未來，害怕意外

皇帝的眼神看向旁邊，與石頭給人穩固、安定的意象不同，他的眼神反而給人不安

定的氛圍。皇帝的注意力在他處，雖然圖像並沒有呈現皇帝的眼神所見之處，但眼神的轉移，讓穩固的氛圍出現了晃動感。他的眼神就像在石頭山下的水流，有著不安定的危機感，小水流隨時都有可能瀑長，讓山體崩落，所以在江山有著水流的皇帝，無法全然安心，隨時都要警惕不可控的意外。雖然皇帝的身體穩坐在石頭椅中，但他卻看向了他方，顯現了內在的不安。

皇帝期待的安定，是擁有可預知的未來，他不擅長隨機應變，需要事先做出所有可能的預防措施，才能安心。所以皇帝的眼神是向著未來的風險管理，預測事態發展，雖然他坐在寶座上，但他一刻都沒有放鬆，不允許威脅或失誤危害到國土。皇帝是老者，他的經驗使他能規劃出滴水不漏的計劃，也象徵嚴謹的自我要求，自認為經驗值勝過他人，有能力做好防範，不會讓情勢失控。然而，一旦發生了失誤，皇帝也會嚴厲的責怪自己。

水流的流動是皇帝無法全然阻止的變動性，象徵了在皇帝的世界，還是隱藏著可能的危機。但他看向遠方，不太能覺察在背後的流水，代表他相信只要自己管理得當，現在的安定可以持續到很久的未來，一切井然有序地運作，生活就能安心。皇帝狀態的生活是不斷憂慮還未到來的意外的，因此任何微小的風吹草動，他都不會輕易忽略。愚者雖然在魔術師與女祭司階段，聽到了英雄旅程的召喚，但想要成為皇帝的愚者，會否定召喚，或對召喚視而不見，認為那是危險的，真正該做的是努力維持現有生活。在拒絕召喚階段，愚者雖會暫時拒絕英雄旅程，但也學習了皇帝的自我管理、自律與主導能力，擁有了這些能力，愚者才能在英雄考驗中堅持下去，不輕言放棄或自我質疑。

皇帝牌的英雄旅程解牌

目前正經歷的歷程

正位

求問目前所經歷的事情抽到皇帝牌，可解釋為你進入到拒絕召喚階段，此階段會幫助你好好的規劃與制定未來目標，並經由自我要求與管理，讓事情一步步發展實現，並且在規律的生活中培養出毅力，為自己的心性鍛鍊出如皇帝般堅定的意志。有了自律與穩固的內在，你才能面對英雄旅程上的變動與考驗。在拒絕召喚階段，先在自己的王國，學習與建立統管能力，並學習承諾與實踐，很快地，當皇帝建起來的王國不再適合你的發展時，走向旅程的意圖與行動，會重新在你的旅程中展開。

逆位

求問目前正進行的事情中抽到逆位皇帝牌，可解釋為你身在平凡的日常，但拒絕過規律、平凡的生活，認為目前的生活狀況無法讓你有所表現，所以想要大膽嘗試新計畫，或者期待生活有所改變。你會太輕率給出承諾，卻常無法實現諾言，也有可能做事有頭無尾，無法讓他人對你有信心。逆位皇帝在提醒你，在日常中培養安定的身心，能夠有耐心地培養規律性的習慣，也是一個人的能力表現。所以在進入英雄旅程之前，先過好每一天，並在日常中展現出穩定的情緒、意志與行動力，這些都是你現階段所需要的修煉。無法自律的英雄，面對考驗時容易放棄或逃避，無法勝任任務。所以抽到逆位的皇帝，反而需要先留在安定的生活，把英雄需要具備的自我管理能力先備好，為未來的英雄之旅，做好準備。

過去曾經歷的某段歷程

正位

求問過去經歷的某段事情抽到皇帝牌，可解釋為在過去的歷程中，你學習到在未知與變動的生活中運用自己的規劃與執行能力，讓生活踏實又穩定，並且也能經由自我要求，完成設定好的目標，對自己的自律能力有了信心，可更為主導性地推動想要完成的目標。你認知到自己的作為，可以改變與影響他人，也能適當表達自己的想法與意見，以及拒絕他人不合理的要求。學會管理好生活，也是成熟人格的重要功課，過去經驗讓你一步步成為有能力的自我管理者。

逆位

求問過去的某段經歷，抽到逆位皇帝牌，可解釋為在那段歷程中，你沒有學習到皇帝牌拒絕召喚的意義。你可能把生活中的不滿或不愉快，理解為沒有獲得表現自己的機會，怨嘆自己時運不佳，或者認為他人對你不公。你可能努力過很多事，希望可以有所改變，卻沒有獲得支持，甚至可能對一些事情誤判，做出了錯誤的行動。皇帝是統治者，也要能夠承擔責任，他相信透過自己的努力能讓生活會變得不一樣，所以反而不會期待他人來改變自己。但抽到逆位皇帝牌，代表你未能在過去的經歷中讓自己成為命運的主人，也未能堅定自己的想法或行動。逆位皇帝也是你在目前需要面對的功課，可以從現在經歷的事情中，覺察自己是否已擁有皇帝的態度，並經由自我要求與自律，展現出實踐目標的能力。過去未完成的旅程，可以在現在，透過你的自我改變，再次你開展。

4. 第四站：遇見導師

我們只要了解和信任，則恆古永存的保護者便會出現。因為英雄回應了他自己的召喚，並隨著後續的發展繼續勇敢走下去，他會發現所有的無意識力量皆為他所用。

——坎伯／千面英雄，66頁

V教皇、VI戀人

在拒絕召喚階段想要停留在原地的英雄，在這個階段將遇到導師或貴人，終於可以拿出勇氣向著未知的冒險前進。英雄旅程的遇見導師階段，在愚者的塔羅旅程是由教皇與戀人兩張牌來代表，這兩個圖像，都以多人構圖，繪出了師徒、伙伴關係。教皇牌由中間的教皇（導師）引導下面的信徒跟隨；戀人牌是男與女的伙伴關係，但他們相互分離，由上方的天使，成為這兩個人的連結。塔羅旅程裡的愚者，他的導師與保護者，有可能是身邊教導與提攜他的長輩，也有可能是以友誼或愛情支持他的伙伴，不管是哪一種保護者，在塔羅圖像中，都強調了超越人的崇高存在。

教皇牌與戀人牌都以三角形構圖，呈現了三人關係，但教皇的雙手向上，引導下方的追隨者看向在教皇之上的崇高存在（神），他是理念的代理人與傳達者，他與下面的追隨者沒有眼神交流，代表追隨者需要臣服的並不是教皇，而是在教皇之上的崇高精神。反觀戀人圖像裡的天使是雙手向下，眼神向著下方的男女，象徵在戀人圖像，人物才是被聚焦的對象。雖然圖像裡的男女被影射為戀人，但他們站在圖像中最遙遠的距離，中間還有一突起的高山隔閡，疏離的兩個人如果沒有上方的天使，就只是不相干的陌生人。

坎伯用「超自然的助力」命名這一階段，超自然超越人的力量與能力，能幫助英雄跨過生死大關，成為英雄的強力保護者與護身符。猶如早期跨海來台灣的移民，在身上戴著神明的香火或小神像跨越危機重重的黑水溝，若有幸死裡逃生來到島上，他們戴在身上的香火或神像就成為祭拜對象。教皇與戀人牌中的崇高意象，象徵了在這階段可以保護愚者的超自然力量，愚者要進入的英雄旅程有如先民要跨越的黑水溝，雖然人的意志很重要，但危機重重，任何人都有可能遭遇不幸。愚者在危機面前有可能變得無能為力，若能有神助，就有機會跨過難關，堅持到最後。

另外，教皇身在人為建蓋的教堂，戀人則身在大自然，象徵了教皇牌裡的導師與追隨者的關係，是在特定的組織環境下才會形成的連結，猶如進到學校學習、在工作場合的管理層級等，是社會結構中的上對下的服從關係，也是個人適應團體生活的歷程。但戀人圖像裡的大自然，象徵了人跟人自然產生的情感連結，跨越年齡、階級、性別或種族，是在任何時候、任何地點都有可能建立的情感。在遇見導師階段，如果愚者進入到教皇領域，就會在某一群體或組織中獲得指引，例如在神話故事，英雄就有可能到神廟尋求神諭，或者去尋找王國內的智者，也有可能加入軍隊，跟隊友一起出征。但戀人所給予的幫助，是在旅程中自然相伴的緣分，愚者與這些人在旅程中建立友誼，成為了同行的好夥伴。

遇見導師階段的提醒

在遇見導師階段，需要對這段時間所遇見的關係保有開放的態度，接受他人的建議與批評，願意讓他人來改變自己。在教皇領域，會遇到有權威、名望或地位的長者，要放下自己的意志，接受群體要求，學習服從並跟隨。在戀人領域，遇到旅伴，但需要建立相互尊重的信任關係，才能與他人相伴，在旅程中相互幫忙。

遇見導師階段的考驗

在遇見導師階段，英雄需要他人的幫忙，才能走上冒險之路，但幫助我們的人，會以形形色色的形態出現，未必都友善，他們有可能對我們批評，或不認同我們的行為。他人的批評，容易讓情感受傷或不舒服，但也有可能因為這些情緒，推動我們離開原來的地方。在英雄旅程中的導師，有可能用嚴厲的手段對待英雄，以對立者的立場，逼迫英雄做出決定或行動，但也有可能給予安慰與支持。在此階段，要學習對每一位他人開放與接納。

V. 教皇

圖像敘事

與皇帝的老者形象相反，教皇有著像魔術師一樣年輕的面貌，而且身上也穿著如魔術師的紅色衣服。魔術師圖像裡的百合與玫瑰，在教皇圖像，則出現在兩位追隨者身上。教皇的年輕形象象徵了精神生命，他活在信仰裡，並以教導他人為使命，神聖使

教皇是精神的引導者，也是個老師，是守護者，教導英雄精神價值與崇高的生命目標，陪伴他走向更遠大的未來，他的弱點也會在守護者與群體的共進下被平衡。

命讓教皇保有年輕的精神。教皇的眼神沒有看向下方的追隨者，他直直盯著前方，手臂向上，引導追隨者們往上看，而不是自己。教皇是神的代言人，他的所作所為，是為了讓信仰者認識神。雖然教皇是構圖中的核心人物，但他的身體姿態，強調在上方的崇高存在。教皇的腳邊有兩把鑰匙，剛好與兩邊的追隨者相稱，象徵這是追隨者們可以從教皇手上獲得的教導，有了鑰匙，追隨者才能向著崇高之處前進。

象徵解釋

柱子與追隨者：上跟下的對等價值

高度一直都是基督宗教裡人神關係的意象，那崇高、無法觸及，卻又無所不在的唯一神，成為信仰者追隨的絕對者。歐洲歌德式教堂的所有設計，都在引導進到教堂空間的人的視線往上升，在這向上觀看的過程，觀看者的內在也會體驗到向著高處揚升的神祕感。崇高成為信仰者的目標，期待自己也能追隨神的教導，活出崇高的意義，這種崇高成為了信仰者對他人的大愛，讓自我中心轉變為利他精神。教皇就是教導崇高精神的老師，在宗教裡，他是精神教義的傳播者，在社會生活中，他是崇高理念的傳達者。

人生路上，我們都探問過自己來到世界的使命或天命，在茫茫人群中，希望自己是被擇選的特殊之人，背負著重要的任務來到世界。帶有天命的感受，讓人感到自身的特別，人生也變得有意義。就像人無法只為自己而活，如果我們的抉擇都只為自己，反而更容易感受到虛無與微不足道，所以為家人、為朋友、為理想、為夢想……，比起為自己，變得更為有價值。使命感促使我們不只為自己，也能夠為他人付出與承擔，這就是教皇所傳授的教導，人要為更高的精神信念而活，而不是只滿足於個人的欲望與需求。

教皇是教會的領導者，對應到世俗生活，可以是組織團體裡有理念的經營者或領導人。有理念的團體可以集合眾人的向心力為共同目標努力，個人的辛勞會被超越。但是，理念高於個人的生命價值時，也有可能發生犧牲小我的悲劇。為了更多人的利益、公司的生存、國家的存亡，個人的價值被捨棄，甚至為了崇高的目標，傷害他人的行為也都可能被合理化。但在信仰裡，每一個人的生命都被視為是神聖的，我們無法用量化的標準衡量人的價值。在教皇圖像，柱子與兩位追隨者相連，象徵了柱子與追隨者，都是支撐教會的重要磐石。兩位追隨者象徵了教皇在教導崇高理念的同時，也要尊重每一個人的生命價值，這才是崇高所代表的重要涵意。

教皇腳下的兩把鑰匙，是提供給追隨者打開求道之門的鑰匙。鑰匙可以象徵正確的精神教導，有了這些教導，追隨者們就能自己去尋找求道之路。神話中的英雄從導師手上接到錦囊或法寶，但需要離開導師，才能進入冒險旅程，去尋找屬於自己的使命意義。在塔羅旅程中的愚者，遇見教皇時，學習臣服於教皇的教導，或跟隨群體的要求一段時間，才能啟動走向冒險的堅定信念。臣服，讓愚者的個人力量拓展為團隊精神，體驗到超越個人的護佑，內在獲得力量後，才能在困境中懷抱天無絕人之路的盼望。對保佑力量的臣服，也代表愚者信任與接受成為英雄的使命，有了這層信任，愚者才有可能成為英雄而歸。

紅色的服飾與地毯：傳達旨意的通道

在大祕牌中，女祭司與教皇圖像，直接與宗教有關。早期的塔羅牌，也會把女祭司命名為女教皇，與教皇牌形成性別上的相對關係。但這兩張牌不像皇后與皇帝被並置在一起，偉特並沒有把這兩張視為是一組圖像。女祭司與教皇呈現了宗教的內在修煉與向外教導的兩種面向，但偉特在圖像上，把魔術師與女祭司視為內在修煉的一組圖像，教皇則與戀人牌放在一起，強調了向著社會的倫理實踐。教皇圖像是三人構圖，下面的兩位追隨者，象徵了教皇人物不可或缺的社會關係，教皇需要在社會中教育、傳播崇高理念，才算真正完他的使命。所以教皇代表了向著群眾的教導，猶如教會所負擔的教育責任。

早期社會，很多宗教因為能治病與奇蹟而吸引信眾，這些宗教滿足信仰者對生活平安與無病無痛的期待。但科學與教育普遍提高的現代社會，比起宗教，大眾更信任科學，因此比起治病、防天災等的奇蹟，人們期更待宗教可以透過生命觀的傳揚，帶領信仰者面對困境，改變生活與社會，推動內在轉變，這些都需要透過教育才能實踐。所以在全球化時代，能夠向外拓展的宗教，都有一定規模的制度與組織，並把該宗教的教義與精神透過教育傳達到各地。教皇穿著的紅色長袍，腳踏紅色地毯，呈現了教皇面對群眾的熱心，雖然他坐在椅子上，但他的雙腳露出長袍，表示他隨時都準備走向群眾。紅毯上有黑白條紋向著追隨者延伸與連結，這些構圖都展現了教皇與世界的緊密連繫；他不是等待者，而是透過行動改變世界的教育者。

如果柱子與追隨者成為教堂空間的支撐，中間的紅毯，以及延伸到教皇身上的紅袍，在視覺上便形成了一條通道，會隨著教皇向上舉起的手指，引導觀者視覺往上，連結了上與下。教皇的上下連結，讓人聯想到魔術師一手指天、一手指地的意象，但魔術師的天與地，直接連結到象徵神聖的百合與玫瑰，並把力量集中於魔術師身上。但教皇圖上的百合與玫瑰，出現在兩位追隨者的衣服上，象徵對教皇來說，神與追隨者都是神聖對象，教皇只是代理人，只是神意的通道，一切都是由神來安排，並由追隨者來實踐的。當教皇成為英雄旅程中的導師，他只是短暫擦身的智者、有緣人，不能持續停留在愚者身邊，導師只要把超自然的力量與護身符傳授後，就會離開。如果愚者留戀在導師身邊，就會成為依賴超自然力量的凡人——他需要信任超自然的力量，但他同時也相信眼前的考驗需要由自己的意志力去面對，沒有任何人可以代為他出征。

教皇牌的英雄旅程解牌

目前正經歷的歷程

正位

求問目前正經歷的事情抽到正位的教皇牌，可解釋為你進入到遇見導師階段，在這階段，身邊會出現讓你信任、想要跟隨的長輩或智者，或者你會想要參與的社群組織。他們會在你困惑時，適時的給予提醒或支持；而成為大團體的一分子，會讓你有種被群體保佑的安定感。當你需要幫助時，他們會為你送上祝福或祈禱。英雄旅程上的導師，會幫助你獲得他人（超自然）的保護或保佑，並讓你相信與接受你的使命。在此階段，你需要以謙卑的態度接受他人的引導，能夠放下自己的傲慢或過強的個人意志，才能讓自己成為團隊中的成員。導師只能是引門人，無法代替你出征，所以獲得了認可與祝福後，還是需要獨自上路面對旅程上的考驗。

逆位

求問目前經歷的事情抽到逆位教皇牌，可解釋為你在遇見導師階段，拒絕他人的教導，認為自己可以獨自面對問題，也不信任他人的建議。你不願在組織團體裡成為服從的一員，認為聽命於他人是放下自我意志的不負責任行為，因此在困難中單打獨鬥，拒絕被團體或制度馴服。向著他人學習，是去除個人習氣的機會，要跟隨導師的引導，就得先放下自我，但這種放下，不是放棄了自己，而是為了激發與展現更為優勢的潛能。導師是能夠洞察你的潛力，想要推你一把、給予教導的人，所以在遇見導師階段，比起自立自強，成為團體中的一分子，並跟隨整體決定一起行動，學習團隊精神，是這一階段需要學習的考驗。

過去曾經歷的某段歷程

正位

如果教皇牌代表過去某段歷程的意義，可解釋為在那段歷程中，你參與群體生活，比起表現自己，你更接受了團體的紀律與規範。與他人共學期間，你看到其他人能夠補足自己的優勢，也從他人身上學習。願意信任他人的教導、放下個人、接受群體決定，就是教皇階段所代表的意義。你在過去的經驗中，學習到任何人都有可能成為人生導師。當用開放的心態與人交流，會慢慢發現自己所虛心學習的對象，在不同的人生時刻都有可能成為貴人。教皇階段的意義，就是放下自己、臣服於團體與他人，走出自我中心，並為自己設定更大的人生目標。

逆位

求問過去的某段歷程，如果以逆位教皇牌的意義來呈現，可解釋為你在那段歷程因為沒有接受導師的引導，或者不想歸屬於特定團體，失去了進入英雄旅程的機會。當團體跟個人價值產生衝突時，你會認為堅持個人價值更為重要，但價值沒有絕對的對錯，只能視事情的情境與脈絡作思考與判斷。如果過於拒絕他人或團體價值，就會讓自己的

戀人牌不只是對伙伴的承諾與信任，也有天使對英雄的守護，伙伴與守護者會陪伴英雄進入冒險。守護神是對更大、更完整的「我」的認同，給予自我所欠缺的力量，以及超越自己走向世界。

世界變得狹隘，或者只跟同溫層交流，失去遇見導師的機會。對團隊的認同，也是學習拓展個人力量的歷程，在遇見導師階段，要學習的是把身邊的人事物都視為可讓自己有所學習的機會，就算是錯誤示範，也能從他人的錯誤中學習，並成為成長的養分。

VI. 戀人

圖像敘事

偉特的戀人牌，場景描繪為伊甸園，在前方的一男一女，象徵了亞當與夏娃，他們身後分別有著伊甸園裡的智慧樹與生命樹，分辨善惡的智慧樹上，還有蛇盤爬在上，正等待著誘惑夏娃的時機。兩位戀人，分開兩邊站立，中間還有立起的高山，看似被分離的兩者，上方天使張開的雙臂，將兩人擁入祝福中。亞當看著夏娃、夏娃看著天使，他們的眼神沒有停留在對方身上，而是由上方的天使成為連結這兩者的第三方，所以這是由三者一起形成的戀人關係。分離的兩人突顯了中間的高山，當兩人要結合在一起時，高山就成為阻礙，但從天使的高度，高山變得渺小，象徵著有了天使的祝福，未來的困難兩人都能一起跨越。

象徵解釋

裸身：真誠的內在情感

在偉特大祕牌，裸身的人物大多表現在後面的數列。裸身相對有服裝的人物，無法透過服飾表現人物的身分或特質，但裸身更明確的傳達了人物的真誠與內在性。所以大祕牌的裸身人物，象徵愚者經由歷練，一步步接近內在自己的狀態。

此外，當我們被他人看穿內在心思時，會有種衣服被脫光的不安全感，所以衣服不只是代表一個人的外在符號，也是保護自己的防護。很多人都做過因為裸身而感到羞愧的夢，或者穿著不合宜的服裝感到困窘。衣服就像我們的外在形象，能夠穿著得宜，就能讓自己感到自在，代表在社會關係上也較清楚自我的定位。但裸身或穿著不當，就象徵了我們正脫離社會角色，或經歷自我定位的不確定感，感覺自己身在不該在的地方，因而不自在。

戀人圖像以裸身呈現。當我們不再需要在對方面前偽裝，代表可以全然信任對方，這種坦誠相待的關係，就是放下防護而真誠待人的情境。通常我們只會在家人、交情很深的朋友與情人面前，才能不設任何的防護，在一般社會關係上能夠有這樣的交情，並不容易。戀人圖像裡的兩個人，以裸身表現出坦誠相待的真誠與信任，但他們卻分離兩處，並沒有像戀人一樣親密接觸，象徵他們相愛卻能夠保有各自的空間，兩人對對方有著絕對的信任與尊重。但這種信任，只有兩個人的無法建立起來的，所以戀人牌有第三方的天使參與，才能發展出對他者的全然信任。

有一句宗教箴言：「信任上帝，但要記得鎖上家裡的門。」這句話傳神地說明了圖像中人物與天使的三角關係。人會說謊、隱瞞、自我中心，所以我們很難對他人全然的敞開，就算對他人沒有顧忌地敞開自己，也有著被有意無意傷害的風險，所以人對人還是要有足夠的警戒心，這就是要鎖好門的原因。但我們要信任生命中與人的相遇，並相信相遇是有緣（月老的紅線）、是神意的安排（天使的祝福）。人對相遇敞開，才能不忌諱地走入群眾，縱然有些相遇未必美好，但只要信任這段緣分，就會在相遇中學習、成長。圖像裡的人物，雙手向外打開，代表著對他人的善意，相信人跟人的相遇都有著天使的祝福，並珍惜每段緣分。

在英雄旅程中，我們會有各式各樣的相遇。在這些來來去去的人當中，誰會是友伴，是無法在相遇的當下就做出判斷的，但時間會幫助我們看清對方，不管是一見如故，還是不打不相識，都需要先向對方敞開，才有機會彼此認識，並形成相互尊重與信任的關係。在戀人階段，不只是等待讓我們欣喜的相遇，也有可能是在已有的關係中，重新看到對方的可貴與獨特之處，並在旅程中與對方有一段同甘共苦的歷練。在困境中，因為有對方的陪伴，感覺獲得了天使保佑，跨越自己的害怕與不足，完成困難的任務，並與對方培養出難能可貴的伙伴情誼。這就是圖像中的天使以及裸身的人物所象徵的意義。

蛇與高山：關係中危機重重的未來

戀人牌以明亮的色彩，帶出了歡欣、美好的氛圍，尤其上方的陽光與天使，籠罩著下面的男與女，成為對戀人的美好祝福。但仔細看夏娃背後的樹上有蛇，還有佇在兩人中間的高山，都帶著不安的氣息，象徵戀人牌雖洋溢一片歡欣祝福，未來仍然隱藏了重重危機。伊甸園中的亞當與夏娃，原來過著無憂無慮的生活，直到蛇的引誘讓人吃下了智慧果，從此懂得是非善惡，也懂得羞恥心，不再能裸身相待。吃了智慧果的人不再能生活在伊甸園，他們來到人間，開始承受生育、死亡、勞動等的苦痛。所以戀人牌裡的男女，在明亮的氛圍中，暗藏了聖經中被逐出伊甸園的悲劇。

懂得是非善惡的人，有了分別心與個人的好惡，因此不再能全然接受伊甸園的美好。所以人在離開伊甸園後所承受的痛苦，是分別心帶來的分離之苦，如母親生下孩子的分離、死亡的分離，以及勞動帶來的與人的本能的分離。分別心，讓人無法與萬物合一，成為人最深刻、無法癒合的孤寂。但人透過愛，努力修補伊甸園留下的傷口，期待再次回到伊甸園的合一世界，而戀人圖像中的男女，就成為因愛而生的努力與行動。在圖像中的男與女，他們需要一起跨越遠處的高山，但已有分別心的人，無法與他人成為一體，因此兩個人的結合常帶來痛苦挑戰，也因而會認為維持一個人的生活說不定會更好。但是，一個人若無法跨越高山，就無法看到另一邊山的風景，所以我們需要天使的祝福（月老牽紅線象徵的命中註定的緣分），才有勇氣建立情感關係。

古希臘人有個關於靈魂伴侶的神話，認為人最初是男女合體的，後來觸怒了宙斯後，被分為一半，肚臍就是男女分開時留下的傷口；當人找到失散的另一半時，就會過著幸福快樂的生活。這就是靈魂伴侶的概念。希臘神話相信靈魂伴侶會為了尋找失散的一半歷經各種考驗，只要找到，人的苦難就會結束。但是，亞當跟夏娃之所以能夠成為一體，是因為一起跨越考驗，才能再回到伊甸園沒有分別心的狀態。有些人等待靈魂伴侶，並相信靈魂伴侶能夠接納與理解我們的一切，所以如果與情感對象有衝突，就會認為對方並不是靈魂伴侶，因而離開。但有些人認為，靈魂伴侶是經由長時間的相處與經營才能建立起來的情感模式，不管遇到誰，都會有衝突與不合，只要兩人願意一起努力與面對，就能走向靈魂伴侶的關係。所以靈魂伴侶與亞當、夏娃，是人的兩種情感態度。

這兩種態度，其實是情感關係中不同階段的體驗。剛開始戀愛時，對方在自己眼裡一切都很美好，真的會覺得對方是自己的靈魂伴侶，尤其在一見鍾情的情形下會更確信。但過了熱戀期，兩人開始吵架，心中對於對方是否是對的對象，浮現質疑。這時，如果能放下希臘神話式的情感態度，就能走入戀人牌，理解衝突是兩個陌生人想要連結時的必然歷程。如果沒有希臘神話式的浪漫，人就不會想要尋找對象；找到對象後如果沒有戀人牌的引導，就無法經營長久的關係，所以這兩種態度我們都需要，並依情感階段調整態度。

戀人牌不只是針對親密關係中的另一伴，在人生旅途中的任何「緣分」，只要願意一起度過難關，不管是家人、情人、朋友或同事，都能從戀人牌得到體悟，建立更深層的關係。遇到一見如故、一見鍾情的「緣分」是幸運，但幸運是短暫的，如果沒有經營這關係，很快就會遺忘彼此。戀人牌的「緣分」未必是在一開始就喜歡上對方，而是兩個人同甘共苦後，才體會到這是多麼難得的緣分。戀人牌的緣分是在幸運中，經過時間磨合與努力，才能創造出來的關係。這就是為何戀人牌裡天使的祝福與危機共存。在戀人階段，比起找到一見如故的伙伴，更需珍惜雖會抱怨或批評，但願意留在身邊一起經歷危難的人。

戀人牌的英雄旅程解牌

目前正經歷的歷程

正位

求問目前經歷的事情抽到戀人牌，可解釋為你已進入到遇見導師階段，並且身邊會有伙伴與你同行。在英雄旅程，伙伴有可能是相愛的對象，也有可能是友人，他們會陪你走一段路，成為實質上、精神上協助你的角色。在戀人階段遇見的很多緣分，不管是舊識，還是新熟識的朋友，會鼓勵你改變自己，嘗試新的挑戰，面對未知的考驗。他們信任你的能力與潛能，引導你發現自己不知道的優勢。在戀人階段，你只需要敞開自己，與他人保持良好的交流與溝通，願意讓他人走進你生活，就能獲得在此階段需要的支持。

逆位

求問目前經歷的事情抽到逆位戀人牌，可解釋為你正在抗拒進入遇見導師階段。你有需要與人合作才能完成的事情，卻不想與他們合作，或者認為自己單打獨鬥更有效率。你無法信任他人，所以無法把事情交給別人處理，事事都要由你去確認，卻也因為如此，事情發展不如預期。你很難對別人做的事感到滿意，認為他人不用心，無法符合你的期待，但也有可能是你堅持著個人的標準與要求，拒絕別人的意見與想法。遇見導師階段，表示你需要他人的幫助才能完成任務，因此很需要伙伴同行，並因為伙伴的加入拓展與改變自己的想法與行動。

過去曾經歷的某段歷程

正位

求問過去某段歷程抽出戀人牌，可解釋為在那段歷程，你學到了遇見導師階段對個人產生的幫助，以及培養戀人階段的伙伴關係代表的意義。你了解與伙伴建立友好關係的重要性，並且因為對方的加入，有機會完善或改變你的規劃。與人建立關係，需要走出自己，但同時也需要站定自己的立場，才不會依賴他人。如何透過溝通解決意見不合或衝突，不輕易在關係中逃避，這些都是戀人牌正位時代表的意義，也是你在過去的經驗中所獲得學習與成長的生命功課。

逆位

求問過去的某段經歷抽到逆位戀人牌，可解釋為你在那一次的歷練中你經歷了不友善的伙伴關係，可能你與對方常常意見不合而衝突，或者在很多關係中感受到競爭或敵意，而感到受傷。這些經驗讓你在人際關係上變得較為保守、防衛，不輕易信任他人，漸漸疏離人群，並自我保護。很多關係無法選擇，但因為應對方式的不同，關係的進展方式也會改變。逆位戀人牌提醒你，一個人雖然可以很安全、舒適，但沒有他人的參與，人很難跨越自己的界線，如果想要為生活帶來改變，是需要讓他人進到自己生活，才能調整原有的習慣與行為的，這也成為認識自己的重要契機。過去的逆位戀人的經驗，有可能影響你現在正進行的事情，所以需要你重新對現在的情感關係進行覺察與省思。

5. 第五站：跨越第一道門檻

在助力者（導師）的協助與引導下，英雄在歷險中前進，並在力量增強的區域遇到「門檻」守衛，這些守護人在東西南北四個方向——還有上下——劃定世界的範圍，它們代表英雄現有領域或生命視野的局限。

——坎伯／千面英雄，81頁

Ⅶ戰車、Ⅷ力量

獲得導師的幫助而踏上旅程的英雄，在門檻階段，總是會遇到兇猛的守護者擋住去路。這是英雄必須要跨過的第一次危機，也是英雄從熟悉的世界跨入未知之境的階段。未知世界的大門不會輕易為英雄打開，會有考官守在門前，測試進入冒險的英雄是否準備妥當。坎伯認為，在這一階段大多會有象徵四方的守護獸與英雄對抗，駭人的猛獸考驗著英雄的機智，有些需要以力制服，有些則需要運用智力對抗。猶如希臘神話中離開故鄉流浪的伊底帕斯王子，他遇見了考驗智力的史賓克斯（Sphinx），史賓克斯在神話中，用謎題測試旅行者，沒有猜出謎題的人只能受死。

塔羅的愚者在英雄旅程跨入第一道門檻時，剛好也遇到了象徵神獸與猛獸出沒的戰車與力量兩張牌，戰車牌以男性人物考驗愚者的意志力，力量則以女性人物挑戰愚者以柔克剛的智慧。戰車圖像裡的人物與人面獸身的史賓克斯雖是上對下的主從關係，但史賓克斯沒有被裝上韁繩，沒有被束縛。神話裡的史賓克斯，有著比人更強大的力量，是人無法用蠻力制服的神獸，只能透過說服，或者像伊底帕斯一樣運用智取，來達成雙贏關係。反觀力量圖像中的少女與獅子，他們的眼神相互對望，形成了關係的弧線。眼神沒有看向未來，而是專注在眼前的對象，並為對方努力改變自己的姿態，這是願意為對方退讓，以和為貴的關係。

化敵為友，是愚者在英雄旅程所面對的第一道門檻的考驗。他不是要打敗猛獸，而是要讓猛獸轉換陣線，援助自己，所以愚者需要的不是蠻力，而是用智慧來接近史賓克斯與獅子。在運動比賽中，輸贏很明確，每個競爭者在比賽進行時都是與自己敵對的陣營，選手可以只為了勝利養精畜銳。但在社會關係哩，競爭對手或敵人不會固定不變，反而是，任何時候都能與對方為友，才是致勝的關鍵，而愚者就是透過與史賓克斯和獅子建立關係，學習如何與強者為友，並學習成為團隊的領導者（戰車），也學習成為他人的支援者，放下自己的堅持（力量），才能踏入到英雄旅程。

當我們與強者共事，雖可以提升自己的能力，卻也可能備感挫折，所以會害怕與強者共事。相對地，強者也有可能過度信任自己的優勢，而忽略了與他人合作的重要性，但在專業分工的現代社會，團隊合作才是致勝關鍵。在團隊工作，強者自然會成為主力，領導團隊的未必是最有能力的人，他需要的是能夠凝聚團隊的溝通能力。當我們成為帶領人，有可能被強者無視與排擠，這時，很多人認為需要成為更有經驗、更能幹的人，才能壓制對方。但領導者需要的是用人的能力。所以戰車牌裡的人物不需要以力壓制史賓克斯，而是要創造願意讓史賓克斯與自己合作的局面；力量牌裡的少女，也不是用皮鞭與食物訓練獅子，而是與獅子建立友好關係，讓獅子的優勢來補強自己的不足。這就是愚者的第一道門檻時：學習的化敵為友。

跨越第一道門檻階段的提醒

學習與他人合作，在各種關係的衝突中，努力化敵為友，而不是製造敵人。「戰車」強調以雙贏局勢與說服力，與強者組成合作團隊；「力量」強調以退為進，讓自己有足夠的時間認識對方，並耐心與對方建立相互信任的互動關係，才能跨越個人無法完成的障礙。

戰車是英雄往歷險前進的意志力，以及向著目標不停前進的動力。英雄在歷險的入口會遇到比自己強勢的對手，這些未知世界的守衛，讓英雄認知到個人的侷限與限制，英雄無法用力壓制對手，只能去尋找與他人結盟或合作的方法。

跨越第一道門檻階段的考驗

感到棘手的人際關係，都可能是英雄旅程中未知世界的門檻守護者。在跨越第一道門檻階段，戰車與力量牌裡的人物，都遇到了比自己更強勢的對手。如何面對強者，不逃避、不輕易放棄，找到與他們共事與共處的方法，就是在面對此階段的考驗。

VII. 戰車

圖像敘事

圖像裡的戰車，有著前後景的構圖，後方是河道與城鎮，前方是坐在地上的黑、白史賓克斯，夾在中間的戰車，成為仲介與協調者，他需要說服史賓克斯，才能完成守護家園的任務。戰車的後方有河道阻檔，所以戰車沒有退路，猶如進入戰區的戰車，斷了後退的路，激起了只能前進的戰鬥力，並向著戰場勇往直前。人物身穿盔甲、手持權杖，石頭材質的戰車，散發出剛毅不易屈服的氛圍。車棚與人物身上有著星星與月亮的圖案，月亮的盈缺猶如史賓克斯的黑與白，都形成了對立、不明、變動的意象；星星頭冠與車棚，卻成為戰車的前導與羅盤，讓人物在前進中不會迷失方向。坐在前方的史賓克斯，他們可以讓戰車飛翔（車前的翅膀標誌），與站立的人物一起蓄勢待發。

象徵解釋

黑白對立的史賓克斯：衝突帶來的張力

史賓克斯是神獸，在神話裡，是神與人生下的孩子，神獸通常擁有著比人更強大的力量，會成為人的致命敵人。希臘悲劇的伊底帕斯神話中，史賓克斯成為了用謎語玩弄人的禍害，最後被伊底帕斯破解謎語而死亡。有趣的是，史賓克斯所設的謎語的答案是人（什麼動物早上有三隻腳、中午變成兩隻、晚上變成三隻），讓史賓克斯在神獸中，除了蠻力，突顯了神獸的機智（理性）。在偉特塔羅裡的史賓克斯，也都與智力的表現有關，命運之輪裡的史賓克斯持劍，象徵了真理；戰車裡的史賓克斯，能夠與人物合作，並不只是用蠻力的怪物。

當史賓克斯成為戰車的動力，戰車就戰力非凡，必勝無疑了。猶如希臘神話中，只要神加入某個陣營，就成了戰勝的預言。所以如何獲得神的支持，成為英雄在戰場以少敵眾、以弱者之姿獲取勝利的關鍵。一黑一白的史賓克斯，以對立的方式展現了張力，張力讓戰車一直維持在備戰狀態，成為衝向戰場的動力。史賓克斯猶如陰與陽的組合，是不可分割的動力來源，猶如運動比賽中冠、亞軍競爭，選手要勢均力敵，才能成為激勵彼此的動力，如果實力相差太遠，競爭的張力就無法形成。平衡這種張力的就是戰車人物需要學習的機智。

戰車人物無法用繮繩綁住史賓克斯，他只能說服他們與自己共事。對強者的說服，講求的是找到雙贏局面，才能讓對方願意與自己合作。黑與白的史賓克斯就像《航海王》裡的索羅與山治，索羅與山治在同一個海賊團，他們都是強者，但互看不順眼，碰在一起就會大打出手；但也因為兩人的矛盾，在團隊遇難的時候，為了自己的表現不輸給對方，一定會激勵出不可思議的個人戰鬥力。讓這兩位強者能夠共乘一艘船的是船長魯夫。魯夫雖也是強者，但他並不是用力讓他們折服，而是給予追求夢想的願景，雖然他們各有自己的夢，但都很清楚，唯有組成團隊才有可能在冒險中生存。

戰車裡的人物，雖有非比尋常的史賓克斯加入陣營，大大提升了戰勝的可能性，但史賓克斯的能力與經驗都勝過自己，兩者又水火不容。這時，戰車人物需要讓對立的兩者看向同一的目標，讓他們成為競爭者，才能讓戰車如虎添翼，無後顧之憂地向著目標前進。圖像裡的人物與史賓克斯都看向同樣的地方，雖然因左右、高低不同，視線會有所差異，但他們都知道，因為合作，未來可以獲得各自所欲求的寶藏。戰車的領導力，來自於不輕易放棄的毅力，與強者共事的領導者，不需要成為強者，而是要能夠創造大家一起前進的願景，並以堅定的意志力，帶著團隊前進。

堅硬的戰車與盔甲：不屈服強者的意志力

石頭材質的戰車是四方形，穩固、堅實地保護著圖中人物。這樣的戰車與皇帝的石頭椅有著類似的意象。但皇帝是老者，戰車人物是年輕人，石頭雖象徵堅毅不摧的意象，但皇帝坐著，強調了江山的安定，戰車則以站立的方式強調了征服江山的意志。方形的石頭，象徵了皇帝與戰車都視秩序、原則如命，相信紀律、自我要求才是成功之母，不易為他人改變自己的原則，反而會用自己的原則改變他人。皇帝與戰車也都穿著盔甲，象徵了自我保護與防衛，但皇帝在盔甲外，披了紅袍，象徵皇帝比起防衛，會先以帝王之姿，向世人告示自己的地位與權力。但戰車人物直接穿著盔甲，以站立的戰備姿態凝視著前方，他的生命狀態都在備戰當中，唯有在戰場，才能確立自己的價值與意義。

不管在學校、軍隊、組織團體，紀律與自我管理都成為培養精神力的重要方法。能夠要求自己依規則、制度行事，是社會化的第一步，也是培養個人意志力的基礎；反之，如果沒有自我要求的能力，就只能被欲望、情緒掌控。學習紀律與自我管理，在塔羅的英雄旅程分成幾個階段：愚者首先在皇帝階段，學習制定規劃，並依計畫行事；在教皇階段，透過對領導者與團隊精神的服從，學習接受指令。皇帝與教皇已讓愚者不再被動地需要他人要求才行事，而是把紀律內化，自我要求，培養出戰車人物獨立的性格。這使他即使面對強者也不易屈服。人物穿上了盔甲，象徵了擁有自我保護的能力。

愚者來到戰車階段，需要放下自己的隨心所欲，透過紀律與自我要求，贏得史賓克斯的信任。與愚者牌跳下懸崖的衝動不同，戰車是向著戰場前進，有著明確的目標，為了獲勝，隨時都要做好萬全的準備。而且戰車是為保衛家園而戰，戰車人物背負著責任，與愚者牌階段純粹追求冒險刺激的狀態是不一樣的。所以隨心所欲的愚者到了戰車階段，要學習為他人、團隊而戰。在塔羅的英雄旅程，愚者進入到戰車階段，就會向世界証明自己的能力，為了展現自己，他不逃避衝突，全力以赴，努力爭取表現自己的機會；面對跟強者的競爭或合作，他也不會退縮，相信只要堅持必能獲得勝利。

戰車牌的英雄旅程解牌

目前正經歷的歷程

正位

求問目前經歷的事情抽到戰車牌，可解釋為你已進入到跨入第一道門檻的階段。現在開始，你會遇到過去未曾經驗過的事，也要面對與不同於以往的合作對象，反對或質疑你的聲音也會出現。在這階段，你時常處在不得鬆懈或休息的緊張狀態，因為事情總有意想不到的發展，需要你的全神貫注。但目前經歷的事，都會成為展現你的能力與重要性的機會，只要你不輕易放棄或妥協，總會找到解決方法。就算要與你合作的對象不符理想，你也要積極參與，並承擔帶領計畫前進的任務。在戰車階段，你只需向著戰場前進，並相信自己能夠完成任務，就能獲得像史賓克斯一樣的有力助功，幫助你達成目標。

逆位

求問目前經歷的事情抽到逆位戰車牌，可解釋為你在抗拒跨越第一道門檻的挑戰。

在此階段，你被要求完成需承擔風險與責任的任務，因為害怕失敗，你不想接受挑戰。但這可能是難得的機會，可以與有能力者共事，你卻不相信自己能夠勝任，因而拒絕。在戰車階段，會幫助愚者學習與強者共事，借用他人的能力，完成困難的挑戰，雖然也會遇到考驗，但在面對困境的過程，也會激發與提升自身的能力。如果因為害怕失敗而拒絕，就像沒有參加考試的考生，永遠都無法確定自己的實力。戰車的前進來自於要守護家園的動機，如果你能把這次的考驗，視為不只是為了自己，也是為了你想要守護的對象，就有可能幫助自己克服害怕，接受挑戰。

過去曾經歷的某段歷程

正位

求問過去某段歷程抽到戰車牌，可解釋為在那段歷程中，你學習到戰車階段的意義。那可能是一次充滿挑戰的任務，但你為了達成目標，沒有輕易放棄，就算他人沒有給予認同或支持，甚至可能批評你的作為，你也沒有氣餒，用毅力與堅持證明了自己的能力，最後獲得眾人讚賞。你也在完成任務的過程，激發了自己的潛力，為自己建立了更多的信心，培養出與他人合作與帶領他人的領導力。能夠為未來設定目標，並一步步達成目標的行動，讓你在他人面前，豎立了能夠承擔風險、負責的領導者的風範。

逆位

求問過去的某段歷程如果抽到逆位戰車牌，可解釋為在那段歷程中，你因為害怕與他人衝突或承擔責任，沒有接下成為領導者的任務與挑戰。你的旅程，在跨入第一道門檻階段停滯，沒有前進。要為團體的整體利益作決策，並為自己的行為負責，並不容易，況且要讓團隊認同你的決定，也需要說服他人的能力，這些都是成為獨立人格不可或缺的歷練。不把競爭視為他人對你的敵意，不把一次失誤視為無法挽回的失敗，才有可能肩負起帶領他人的挑戰。英雄不需要被所有人喜愛，但要能夠忠於自己；英雄也不是不會出錯的人，而是在出錯後，不怪罪他人，承擔錯誤的結果，並在失誤中學習的人。過去沒有完成的考驗，會影響現階段的旅程。請勇於接受挑戰，駕著你的戰車，航向你的目標。

英雄的敵人，不只在外，也在內，外在的猛獸同時喚醒了英雄內在的黑暗本能。力量牌投射出英雄無意識領域的陰影，是英雄最想逃避的考驗。

VIII. 力量

圖像敘事

力量牌以柔弱的少女與兇猛的獅子，呈現了力量的兩極，展現對立中的和諧。力量牌的和諧來自於少女向下彎腰，獅子則向上仰望的姿態，兩者都努力去接近對方，象徵他們都先放下了自己，以謙卑與退讓的態度走向彼此。雖然少女是柔弱的，但她頭上有著與魔術師一樣的無限符號，暗示了少女與魔術師一樣，有著無限的可能性。少女猶如節制牌的天使，身穿白衣，象徵她如天使般的純淨與安寧，這分安寧讓她能夠與獅子保有友善關係，面對獅子的野性本能，也能安靜地安撫獅子。少女頭上的花冠與腰上的花圈，展現了如皇后的自然本性，保有著純淨的天性，所以不是以紀律馴服獅子，而是傳達出天性裡的友善。遠處有突起的高山，但高山的考驗在遙遠的地方，兩者的緊密相處所增強的力量，讓高山無法對他們形成威脅。

象徵解釋

對望的眼神：我們需要彼此

力量把圖像中的角色，以眼神對望的方式呈現，少女與獅子只看向對方，在他們的世界，對方的存在代表一切，是此時此刻最重要的一件事。從少女與獅子的互動中，會感受到以柔克剛的力量，少女微彎的身體以及向著獅子的視線，都表現出她想要與獅子親近的努力，猶如大人想要成為孩子的朋友，蹲下來與孩子的視線平行。獅子也表現出他的善意，仰頭看向少女，兩者在對方的視線獲得了認同與接納，相互補強了對方的缺點，獅子補強了少女的柔弱、少女給予獅子更為安定的力量，兩者在一起時，成為無所匹敵的隊友。

原本極端的兩者，是如何才能建立關係的呢？答案是耐心與理解。有一部電影叫《少年PI的奇幻旅程》，故事中少年乘坐的船遇難，他雖搭上小船得救，但船上還有一隻老虎，少年不只漂流在大海，還要與老虎在小船上共生。這時，與老虎保持距離或想要除掉老虎，都不是少年可選擇的方法，他只能去理解老虎的習性，並與老虎慢慢建立共生的默契。要與老虎建立關係是一段漫長的過程，不像人跟人的相處可以透過語言溝通，從利益觀點來達成協議。與猛獸的共生，更需要本能與直覺，透過真誠與友善的態度，慢慢培養出兩者對彼此的信任，才能讓人與猛獸在同一個空間共生下去。

圖像裡的眼神，象徵了兩者全心全意的專注，沒有欺騙與隱瞞，也不會敷衍了事。這種全心全意，並不只是情感上的喜歡，也是生存的必需。就像少年PI，老虎或許成為他的威脅，但老虎也是他能活下去的伙伴，不至於在茫茫大海中，因為孤單而放棄生存。在力量牌的階段，英雄旅程上的愚者，在強大的敵人面前並不是要戰勝對方，而是要體悟強者與我們共生的必要性，才不會把強者都視為敵人，只知壓制，而沒有其他可能性。猶如人與自然的關係，一旦人把自然視為敵人，就會想要對治自然，而不是和諧共處。少女彎下身的謙卑是認清自己的不足，但也知道強者也需要少女的陪伴，這時少女的彎身才不會成為對強者的依賴，也不會把對方視為被自己擁有與掌控的所有物。

唯有認識與理解，對他人的態度才能從擁有轉變為尊重。猶如《小王子》的故事，當小王子認識了狐狸，想要與狐狸成為朋友時，狐狸說，他沒有被小王子馴服，所以不能跟他玩。小王子問什麼是馴服時，狐狸回答：馴服是建立關係，在沒有建立關係前，你只是眾多小孩中的一位，但建立關係後，你就會成為狐狸的小王子，從此你的存在對我來說變得重要與需要。接下來小王子問，那要如何才能成為馴服的關係呢？狐狸說：

要非常有耐心，每一天、同一個時間，我們可以接近對方一些。這是日常中形成相處習慣的過程，就像兩性關係，當兩人開始有了固定的相處模式，代表已開始進入理解對方的階段。而力量牌中少女與獅子的關係，就是在長時間的相處中，因為用心理解，摸索出對方的習性，從而建立出的信任與尊重的關係。

重要與需要，如果不是從理解中建立，就容易成為想要擁有對方的依附關係，或者要求對方依自己想要的方式改變的約束。少女彎下身向著獅子時，代表她願意先理解獅子，再去尋找兩者的相處之道。任何關係都無法複製，跟不同的人建立關係，都需要用心認識對方，才能找到適合的關係模式，而這是需要時間磨合的。在塔羅英雄旅程，愚者進入到力量牌的階段，他面對的強者，並不像戰車階段的史賓克斯，需要意志堅定的領導者來帶領。在力量階段遇到的強者，比起用利益關係說服對方，更需要先讓對方感到放心，所以需要以退讓之姿，表現出善意，才會有下一步接近對方的機會。

撫摸獅子的手：溫柔的關懷

在其他大祕圖像，沒有表現出像撫摸的親密動作，少女用兩手摸著獅子的鼻子與下巴，兩者的身體緊密接觸，相互連結，形狀猶如少女頭上的無限符號，象徵了少女與獅子成為一體後，有著無限可能的無敵力量。如果少女與獅子是一體，力量牌不只呈現我們與強者建立的社會關係，也象徵了內在形成的我與我的關係。之前的大祕圖像，人物的眼神都看向前方，但少女的眼神向下，不再注視著前方，她一心一意低下頭看著獅子。雖然獅子是身處在少女之外的動物，但外在的猛獸，也會喚起人內在的野性，這表示在力量階段，愚者所面對的考驗，已經不單只是如何戰勝外在的猛獸，而是愚者如何面對與整合內在的野性本能。

心理學家榮格以個體化（individuation）來表達人的心理發展，其歷程也是個人意識與無意識的整合過程。在進入個體化的初期，猶如英雄在跨入第一道門檻所遇到的考驗，跨入無意識的未知領域時，我們最先會面對的是陰影，它像毒蛇猛獸撲向我們。陰影是被自我否定、拒絕、壓抑的特質，這些是自我的一部分，所以也是人的第二個人格，卻是會威脅到人的社會形象的人格，因此必然被有意識的自我所否定與壓制。陰影與自我形成對立，並投射到那些被我們討厭的人身上，從陰影的觀點探討，討厭的人，不在外，而在內。想與討厭的人徹底絕交，逃避與遠離都只是緩兵之計，最終的解決方法，就需要完成力量牌的歷練，以少女對待獅子的方式，接近對立面的敵人，從觀察到認識對方，慢慢與對方磨合，建立可共處的關係。

在塔羅的英雄歷程，跨入第一道門檻的考驗，由戰車象徵了向著社會表現自己時的挑戰，並由力量象徵了向外拓展自己後，被喚起的內在欲望與本能，被英雄馴服的考驗。外在的猛獸，相對激起強大的內在野性，這些野性在夢、幻想、想像領域，以可怕的形象與強烈的情緒向我們撲來。力量牌的考驗是與自己最害怕的對手建立關係的勇氣與耐心。成為強者或勝利者的戰車，無法體會少女的柔弱帶來的影響力，雖然戰車的堅毅與意志力，可成為不易低頭的強者，但愚者如果想要成為智者，同時需要學習少女的退讓與謙卑。

在社會的普遍觀點，弱者常被視為是無助與吃虧的，如果認同強者，就會被視為是依附與依賴；如果是因為害怕而退讓，就會成為對強者的依附，但力量牌裡的少女並不是害怕獅子，她對獅子溫柔的撫摸，是相信只要耐心去理解，猛獸也可以成為朋友，和諧共處。化解不必要的對抗與衝突，才是少女頭上的無限大符號所指涉的王者之道。在力量階段，英雄唯有與強者建立關係，才能一起生存，或者所有問題來自於這位強者，只要對方願意成為我們的陣營，一切問題都可迎刃而解。這就是為何聳立的高山在遙遠的後景，這象徵少女與獅子正在走向對方的過程，障礙與困難遠離，兩人只要能夠好好共處，就已克服了最大的困難。

力量牌的英雄旅程解牌

目前正經歷的歷程

正位

求問目前正在經歷的事情，抽到力量牌，可解釋為你已進入到跨越第一道門檻階段。在此階段，需要去面對你所害怕之事，不再以遠離的方式來逃避問題。或許你害怕走出舒適圈，害怕家人或朋友離開，害怕面對某一個權威人物，害怕孤單一個人、疾病或死亡等等，這些讓你害怕的事，在目前的歷程中，你不再能夠視而不見。外在發生的事情，如猛獸般，喚起心中的不安情緒，但在力量牌的階段，放下自己要戰勝害怕的想法，讓自己成為彎下腰的少女。彎下腰不是屈服，而是願意面對與跨越的、有力量的行動。恐懼與害怕的情緒，容易讓理性屈服，但少女卻安靜地靠近獅子，慢慢用理性應對情緒，就有可能找到面對害怕的勇氣。

逆位

求問目前正經歷的事情抽到逆位力量牌，可解釋為你正在抗拒跨越英雄旅程的第一道門檻，看到門檻前的猛獸，你只想逃離或避開。在目前發生的事情，有著讓你害怕的某件事或某個人，在他們面前，你感到脆弱與無助，也害怕自己會受傷，所以需要保護；而你能想到的自我保護的方法，就是遠離。你的離開或許可以讓事情不再發展，但你心中也會因為沒有挺身面對而感到遺憾，對自己的屈服感到受挫。你需要找方法探索你的害怕情緒，能夠對抗非理性的情緒的方法，就是從理性的態度一一馴服。如果沒有面對力量階段的考驗，會認同自己的無助，不敢違抗或拒絕他人，在擔憂與不安中，讓自己的成長旅程停滯不前。

過去曾經歷的某段歷程

正位

求問過去的某段歷程抽到力量牌，可解釋為在那段歷程中，你學習到力量階段的意義。你面對了曾讓你害怕而逃避的某件事或某人，也適當地拒絕他們的壓制。在那次的經歷中，你體驗自己不再是無能為力的弱者，雖然沒有強烈的抵抗，但經過你耐心安撫，對方認同了你的行為，你也慢慢發現，讓你感到有壓迫感的對象，也不像你想像的那麼無法溝通，甚或發現對方也是因為害怕而故意刁難或威脅。你找到用和諧、善意的方式化解衝突的方法，讓原來在你敵對立場的人，成為跟你一起共進的伙伴。

逆位

求問過去某段經驗如果抽到逆位力量牌，可解釋為因為你沒能面對心中的恐懼，抗拒進入英雄旅程的跨越第一道門檻階段。你沒有面對的門檻猛獸，不會因為你的離開而不再出現，在現在或未來，猛獸還會一直影響著你的人生選擇。不需要認為自己要變得強壯，才能對抗猛獸。你要面對的猛獸，比起以外力來壓制，更需要像少女一樣的善意，讓猛獸放下警戒之心，彼此慢慢接近。猛獸雖然很可怕，但真正能夠傷害你的並不是猛獸，而是認為自己無力對抗猛獸的無助感。在力量階段，你需要相信自己的力量，柔弱並不代表無助，只是應對強者的方法需要以柔制剛，能夠先低頭與退讓的人，才是真正的強者。覺察一下你目前的狀況，現在也一定有讓你感到害怕的人事物，如果你想要完成力量牌的考驗，給自己多一些時間，慢慢地、一步一步地試著去認識與接觸過去一直逃避的事情。

6. 第六站：試煉之路

一旦跨越了門檻，英雄便進入一個形相怪異而流動不定的夢景，他必須在此通過一連串的試煉。這是神話歷險中最令人喜愛的階段。英雄在進入此一領域前，所遇到的超自然救援者的忠告、護身符和祕密代理人，暗中幫助了他。他也可能在此第一次發現到，有一股仁慈的力量，在他超人的通關過程中處處支持著他。

——坎伯／千面英雄，100頁

IX隱士、X命運之輪

在試煉之路，英雄終於接近了魔怪所在之處，歷程中最大的考驗正等待在前方。坎伯發現很多神話裡的英雄在跨越第一道門檻後，都會經歷被魔怪吞入肚中的危機。他把這階段稱為「鯨魚之腹」，象徵英雄的自我被消滅，強調英雄的考驗在於要突破自我的侷限，獲得再生的機會。就像《木偶奇遇記》裡的皮諾丘，他是木偶，卻想要成為人，而他成為人的願望，也是被鯨魚吞噬後，丟棄了身為木偶的自己，願望才獲得實現。在試煉階段，英雄深刻體會身而為人的侷限，體悟自己無法抵抗外境，這些外力的運作就像命運，英雄只能放下我執，跟隨命運的安排。

塔羅愚者在試煉階段，進入到隱士與命運之輪兩張牌的考驗。隱士牌展現了閉眼的老者與黑夜，猶如鯨魚肚，象徵了吞噬愚者的試煉；命運之輪牌裡則沒有出現人物，取而代之的是神話中的神與天使，象徵了愚者的我執已退出舞台，並跟隨命運的安排前進。坎伯也強調，在試煉階段，面對困難任務的英雄，會有仁慈的力量處處支持著他。隱士牌中提著燈籠的智慧老人，以及命運之輪牌中位在四個方位的天使，都有著守護的意象，象徵了塔羅愚者在此階段所獲得的保佑以及能夠險象環生的好運。

隱士與命運之輪的考驗，是讓英雄覺知人的有限性與無能為力。猶如被鯨魚吞入肚子的皮諾丘，他被吞噬後，與世界隔絕，不再能見到爺爺，在那裡沒有時間的流動，沒有空間的改變，只有無法脫離的黑暗。在鯨魚肚裡，原來的理性失效，任何解決問題的積極方法都有可能成為不必要的消耗。當愚者進入到隱士階段，就需要學習靜靜等待，在黑暗中放下想要改變世界、想要發揮影響力的積極作為。此時只能「無為」地等待，但無為並不是完全沒有作為，而是為了習慣黑暗作準備，當眼睛適應黑暗時，愚者就能對付鯨魚肚，重新回到世界，搭上命運的輪子，去面對英雄旅程的任務。

在隱士階段大難不死的愚者，放下自己的堅持，並學會在考驗中，用等待與無為來應對困境。有了在隱士階段的轉變，愚者就能接受命運之輪所推動的結果，把任何考驗都接納為必然與命中註定。不管鯨魚把英雄推向哪裡，在命運之前，英雄不再逃避，努力克服與面對。被鯨魚吞噬後沒有死亡的英雄，會對生命產生更堅強的信任，相信在旅程中不管遇到什麼困難，都會有好運（天使）的指引與守護。他以感恩之情對待旅程中的所有遭遇。

試煉之路階段的提醒

能夠化敵為友的英雄，已擁有面對前方任務的能力，但英雄要先進入試煉階段，獲得智者的引導，才能踏上正確的道路。在此階段，英雄要像隱士一樣，先放下緊繃的備戰狀態，放鬆下來，給自己獨處與休養的時間。當命運的時刻到來時，就可以隨著命運的安排順勢而為。

試煉之路階段的考驗

在跨越第一道門檻獲得勝利的英雄，想要趁勢奔向任務，打敗更多的魔怪，但只為戰鬥而戰鬥的英雄，會在旅程上迷失方向。所以在試煉階段，英雄需先放下任務，讓自

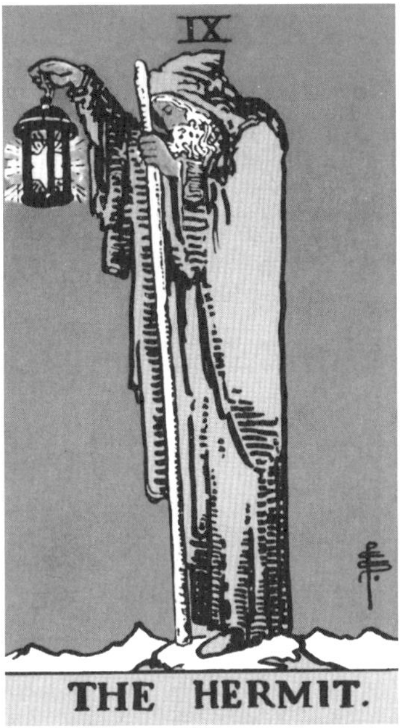

隱士是一位智慧老人，他會給旅途中的英雄神祕錦囊（祕密武器），也提醒英雄為了超越有形世界的侷限，英雄需要先走向內，以求再生。

己停下來，從忙碌的生活中退隱，才能辨認出智者。智者會指引困難的道路，英雄要相信這一切都是命中註定的安排，接納一切的變動與意外前進。

IX. 隱士

圖像敘事

隱士圖像幾乎沒有繪製背景，低調、灰暗的氛圍，展現了隱士的沉穩與安靜的意象。站在山頂上的隱士以老者形象現身，身穿簡樸的灰袍，雖身在曠野無人之處，卻猶如已到達目的地的行者，站穩腳步停止在原地。黑暗中，手提燈籠裡的星星發出光芒，指引著道路。他的另一手持著手杖，黃色的杖，猶如發出黃光的星星，成為地標，清楚標示了隱士所在的位置，象徵閉起眼睛的隱士，已到達他要去的地方，為自己做出了清楚定位。他站立的山頂，形似愚者圖像中呈現在遠處的高山，愚者手上掛包袱的長棍，轉變為隱士的手杖，愚者手上的白玫瑰，則成為隱士的燈籠。隱士成為愚者在歷練後所轉化的人物，愚者所缺乏的，都被隱士補足。

象徵解釋

低頭閉眼的老者：等待靈魂跟上腳步

我們常把人生比喻為旅程，並把生視為啟程，死亡則到達終點。在死亡之前，人都是不斷行走的旅行者。但旅行者可以有很多目的地，雖然最終要回到家，才會安住，但我們都需要暫歇腳步休息，才能在漫長的旅程中保有堅持到最後的體力。旅程中的行者就要像愚者，向上遠望，有著探索世界的好奇心，但來到中途休息站的行者，就要像隱士，先把心收攝回來，停下來，閉起眼睛，才能儲備未來需要的動力。休息是為了走更遠的路，這就是隱士停止、閉眼的意義。

有一句印地安諺語：「別走得太快，等一等靈魂。」現代人的生活非常忙碌，除了晚上睡覺時間，都不停努力做事，連休假旅行，也變成努力旅行。在忙碌中，我們的注意力永遠都會在尚待完成的事情，並不是現在的自己；身體只能在當下，但思緒在遙遠的未來，身心無法合一，我們的靈魂也會失去安住的居所。當靈魂跟不上我們的腳步，就像失去了愚者的好奇與冒險，會感到人生漫長、身心疲勞，生活變得一成不變而無聊。隱士的閉眼與停止，是等待靈魂的時刻，當靈魂與身心合一，才能再次回到初心，省思自己的人生旅程是否還在軌道上，或者是否需要重新調整未來方向。

隱士的停止，是為了幫助我們找回快樂人生。現代人的生活幾乎被工作佔據，所以快樂常與如何樂在工作有關。很多人以為，有些人之所以樂在工作，是因為工作本身有趣，或者是他們的興趣，但很多人也會發現，當興趣變工作後，興趣也會變得無趣。當興趣變成工作，就需要考量轉換為資源的價值，不再只能做出自己喜歡的東西，要迎合大眾的喜好，所以原本沒目的的享受，就會變成有意圖的設計與規劃；比起自己的想法，他人的看法變得更重要。這些就是興趣變成工作後，不再能夠享受興趣的原因。工作變成為了賺錢、或為了滿足別人而做，加緊腳步的努力，反而讓靈魂越離越遠。這時候，就需要停下腳步，閉起眼睛，等待靈魂的到來，才能為自己重新拓展，兼顧自己與他人的工作願景。

那要如何才能樂在工作呢？在中世紀的歐洲，有三個工人正在為城鎮裡的教堂砌磚，當有人問第一位工人：你在做什麼呢？A工人不耐煩的回答：我在砌磚。B工人無精打采的回答：我在賺錢。C工人則開心的回答：我在建造會留名千史的偉大教堂。同樣的工作，有著三種不同的心態與意義。A、B工人是為工作而工作的人，在他們的眼裡，工作就是為了生活、賺錢要做的事，無法避免。但第三位工人看到的不是工作，而是「願景」，雖然他的工作是砌磚，但他看到的是成就大教堂的未來。所以不管我們是不是把興趣當工作，如果工作中沒有願景，任何工作都會變成只是工作。

工作的願景，是從意義拓展出來的視野。當大人問小孩子長大後想要做什麼時，雖然很多小孩會以當警察、科學家、太空人等職業來回應，但他們想到的不是工作，而是這些職業所實踐的意義：警察抓壞人，實現正義；科學家發明新事物；太空人到宇宙探險……，如果從意義來看，不一定要當警察才能實現正義，也不一定要成為科學家才能有新發明。意義就像人生旅途上的羅盤與導航，不管做什麼工作，都會讓我們看到工作中的願景（做人事或會計，也能成為實踐社會正義的意義）。在旅程上的英雄，有可能忙於戰鬥，遺忘了靈魂，這時學習隱士的停止與閉眼，就能等待靈魂的到來，而我們也要在隱士階段，從願景的展現找回樂在工作的生活。

燈籠與手杖：導航人生道路的明燈

隱士的燈籠，發光的並不是火苗，而是星星，星星自古以來在夜空指引方向，讓旅行者不會迷路。高掛在天空的星星為所有人照亮，但被放入燈籠裡的星星，只能照亮隱士的前路，所以燈籠象徵著隱士個人的人生願景，是他的未來。青春期，我們會開始追逐的偶像，那些偶像就像天上的星星，我們會仰望，也跟隨。但長大後，大部分的偶像就像失去光芒的星星，被我們遺忘。進入社會後，比起偶像，我們更需要照亮生命道路的典範人物，這些典範人物就像指引道路的智者，成為照亮我們的未來的燈籠。

典範人物與偶像不同，雖然兩者都是讓人嚮往的對象。偶像是沒有理由的喜歡，雖然我們也會欣賞對方的才華，但更多的是把喜歡的情感投射到偶像身上。典範人物比起喜歡的情感，更像是經由認識對方的人生歷程與言行，培養出來的敬重與仰望。偶像可以給我們投入某件事物的熱忱，讓我們因為喜歡而快樂；典範人物則會拓展我們的未來願景，就像生命中有了座右銘，可以為自己的未來定位，也會清楚自己想要成為的樣子。雖然那是從典範人物身上獲得的學習，但經由個人實踐，本來遠在天空的星星，會進入我們手中的燈籠，成為「做自己」的明燈。

「做自己」，也是在社會中為自己定位的過程，猶如隱士的手杖，它如此簡單樸素，卻成為隱士定位自己的標竿。在生活中，我們會用收入、房子、穩定的工作等，確立自己的位置與價值，並用更多的物質來獲得安全感，這就像愚者用手杖托著的包扶。但隱士的手杖拋掉了包袱，他知道托著包扶的木棍無法落地，只有拋掉外物，木棍才能成為標示位置的標地物。我們想要擁有的安定感，無法從物質累積中鞏固。安定感需要的是信任，相信自己並不是因為成就了什麼才有價值，或因為獲得他人認可，才能為自己定位。隱士相信生命本身就是價值，我們站在哪裡，那裡就是屬於我們的地方。在試煉階段，英雄在旅程中暫停，是為了向智者接獲燈籠與手杖，作為指引未來的明燈與羅盤。

隱士牌的英雄旅程解牌

目前正在經歷的歷程

正位

當你的旅程進入到試煉的隱士牌階段，可解釋為你需要一段讓自己沉澱的時間。雖然期待持續向著冒險前進，讓自己能夠展現更多的英雄事蹟，但隱士提醒你暫時從旅途中退隱，安頓身心，休養一陣。在這階段，不需要積極去承擔或回應外在的需求，要允許自己成為旁觀者，不去積極展開新計畫，也不需努力維持社群關係。在這段時間，可為未來進行一次重新定位的回顧與展望，不需為自己的退隱感到不安，相信自己手上有著指引人生方向的明燈。現在雖然在旅程中停止了，只要時機到，你就會持續前進。

逆位

求問目前經歷的事情抽到逆位隱士牌，可解釋為你正在抗拒進入試煉階段，忽略在英雄旅程中暫時退隱的需求。你想要追求更多的成就，擁有更多參與或被他人認同的機會。但在隱士階段，就像旅程進入到冬天，很多事進入休眠狀態，這時，任何的努力都無法得到相對應的回應。或許你認為休息是退步，害怕自己會落後，趕不上他人，但在試煉階段，英雄需要找到獨屬於自己的道路，所以需要暫停，重新定位未來方向。冬天的英雄旅程，需要的是找到溫暖的地方，等待春天的來臨，季節不會因為你的努力而改變，放下自己的規劃與努力，學習在冬季休息，才能在春天來臨時，感受到命運之輪的推動力。

過去曾經歷的某段歷程

正位

求問過去的某段經歷，以試煉階段的隱士牌的意義出現，可解釋為在那段歷程中，你學習到從生活中退隱的重要性。不管是不是你所願意的，在過去的某段經歷中，你無法持續參與想要的社會生活，離開了某群體、某公司，或某段關係，自己變得孤立，跟人群變得疏離。雖然在他人眼裡你成為隱士，這卻帶給你安靜的一段時光，成為重新認識自己的機會，也幫助你找到真正對你重要的價值，不再盲目的認同他人。在隱士階段，雖變得不合群，卻會學習與自己相處，成為真正可獨立的個體。

逆位

求問過去的某段經歷，抽到逆位隱士牌，可解釋為在那段歷程，你過於忙碌於工作或其他社交生活，反而忽略了珍惜重要的關係或事情。你可能沒有參與到家人的重要節日，忘記了與伴侶的約定，或者錯過了小孩的成長等等。在那段期間，你過於在乎他人的看法，努力獲得他人的認同，雖然花費了很多心力，但最後發現自己回應了他人的期待，卻失去了想要的人生。過去的經驗，可以成為現在的借鏡，或許現在的你，也在他人的要求與做自己之間感到衝突，在忙碌的生活中，卻不知道自己正走向何處，這時，你需要停下來，先切斷外在的干擾或影響，才能給自己省思與重新為未來定位的時間。

蛻去外在偽裝的英雄，進入「淨化自我」的試煉之路，此時的英雄「潔淨而謙遜」，洞察到超越人的天道，英雄的自我被消解，並獲得仁慈力量的保佑。

X. 命運之輪

圖像敘事

命運之輪的背景是藍天白雲，這是人無法到達的地方，人物沒有出現在圖像中，只有神獸與天使守護著輪子。中間的圓輪標示了各種神祕符號，象徵了人無法看透的天理，並以三位神話角色推動著輪子的轉動。坐在正上方的史賓克斯，持著象徵真理的寶劍，右下方紅身、胡狼頭的阿奴比斯，是埃及的木乃伊之神，象徵了重生；左方是希臘神話中蛇形的堤風神，象徵了混亂與墮落。這三者維持著輪子恆動的平衡。命運之輪被雲朵包圍，雲朵上則以基督宗教的四活物，以天使形象成為命運之輪的守護者，每位天使持著一本書，書裡記載了輪子上標示的神祕符號的祕密，但他們背後的雲朵像遮蔽物，象徵了無法滲透的命運的奧祕，但天使守護著恆動的輪子，保佑著人的命運。

象徵解釋

命運之輪：轉變不停的無常

人活著，需要應對兩套遊戲規則，一套是可被我們掌控與規劃的日常生活，這套規則具有預測性，所以人可以規劃未來，並依事先的預設做出決策與行動，也能預先對可能發生的狀況作準備。但生活中還有另一套規則，我們稱為意外，它們不按牌理出牌地出現，以出奇不意的方式影響原有的規劃。意外不在預料之內，無從預防與預測，它們就像突然闖進家裡的不速之客，侵犯了平靜的生活，讓人感到不悅與害怕。當我們專注在可預估的未來，生活就會在安心的軌道上，當意外來臨，就會體悟人生無常。原以為只是偶然的意外，卻有可能改變我們的未來，這時就有種冥冥之中自有安排的命定感，生命的無常，也成為老天的有意安排。

生命當中，有些偶然只是偶然，發生後就遺忘，但有些偶然卻因為個人的行動，成為影響未來的命中注定。但哪些偶然只是偶然？哪些是命運的安排？是否早有定數？

還是只是偶然的當下由個人應對偶然的行為決定？相信命定的人，會認為一切都早已安排；相信命運由人創造的人，就會相信是由人的行動，創造未來。不管是哪一種信念，當我們回顧過去時，所有的命中注定之事，在發生時都只是意外或偶然。這在愛情中更容易體悟，在千千萬萬的人當中，在那個時間、那個地點，兩人偶然相遇後相愛，這一切就像奇蹟，非常不可思議，如果不用命中注定、月老牽紅線的概念去理解，很難相信這種不可能的可能。

但有沒有可能，也有很多命中注定的偶然，被我們忽略或拒絕？當我們太專注於自己規劃的目標，「意外」就成為需排除的障礙。然而，有沒有可能意外才是命運的安排，幫助我們改變其實並不理想的規劃？人的未來是由過去的自己安排，但人無時無刻都在變化、成長，這時，我們又如何確信，未來的我，願意接受過去的規劃？既然如此，我們是否需要認清，任何向著未來的安排，都有限制與不足？所以最好的未來規劃，反而是隨時向改變抱持開放的態度？

命中注定，並不是事情發生的當下就能被我們覺知的，往往是在回顧時才後知後覺地認識到它。但所有的命中注定，都是從意料之外的偶然與意外開始，所以在改變中放下自己的堅持，順勢而為，成為面對命運之輪時的學習。就像命運之輪圖像裡沒有人物，象徵了這是人無法預知的未來，人只能放下自己的執著。坎伯曾說：「願意放下我們所計劃的生活，才能擁抱等待著我們的生活。」來到命運之輪的階段，英雄需要接受自我的有限，不管個人想得多麼周到與心思細密，人永遠無法為未來的自己代言，所以在意外來臨時，放下我執，順應意外前進，才能走上命中注定的旅程。但改變都會讓人害怕，如何在意外來臨時，不去抗拒，這就是命運之輪中需要有四位天使守護的原因。

四位天使：命運的守護者

每天，生活處處充滿危險，待在家裡也可能遇上地震、火災，出門也可能遭遇交通事故或其他意外等等，我們能日日平安出門，安全回家，想想並不那麼理所當然，需要不少好運。不只每一天的生活，我們能夠出生在這世界，是過去世世代代的祖先，每一位都能健康長大成年並育有子嗣，才有可能。想想這是多麼不可思議的奇蹟，每個生命都要有像中樂透一樣的好運，才能誕生到這世界。所以古人才會說，每位嬰兒背後都有天使在守護，表達出生命能夠躲過意外好好活著，是多麼不容易。但比起好運，意外與無常更容易被我們注意，並感受到不幸與害怕。

「塞翁失馬焉知禍福」這句話裡，同一件失馬事件，一下子是禍，一下又變成福，可見決定意外是一場災難還是好運的，並不全然是事件本身，也會由當事人的處境與態度決定。在災難中，如果只看到失去的，就會怨嘆自己不幸；如果看到大難不死，就會感恩神明眷顧。如果認為幸與不幸由事件決定，人就會太過擔憂可能會到來的意外而無法安心度日。但接受生命的無常，知道意外隨時都有可能發生時，我們反而能在平安中看到好運。很多人在災難與意外中會問：「為什麼是我？」但智者會說：「為什麼不是我？」能夠從好運角度來看待生命處境的人，覺知到人的能力有限，面對生離死別，知道並不由得人，所以用接受的態度面對命運。一旦接受了命運的安排，天使的守護也會一起到來，會讓我們處處感受到神明、天使、祖先的眷顧，幫助我們平安度過每一天。

命運之輪四方的天使形象，猶如守護我們的護身符，在不知走向何處的命運的轉動中，保護我們大難不死，躲過意外，讓我們能夠勇敢走向不確定的未來。走到命運之輪階段的英雄，會發現不管事先有過多少準備，人生還是充滿無常與意外，所以比起為還未發生的事擔憂與預防，我們更需接受人的有限性，但也相信天使守在身邊，在無可阻擋的意外與偶然中，天使的守護會幫助我們躲過最糟糕的處境，化解危難、度過難關。這是四位天使給予我們的祝福，也是愚者在英雄旅程獲得的守護，幫助他去面對在接下來的旅程中，最為艱難的任務。

命運之輪牌的英雄旅程解牌

目前正在經歷的歷程

正位

求問目前正經歷的事情，抽到命運之輪牌，可解釋為你的旅程進入到試煉之路的命運之輪階段。在此階段，事情瞬息萬變，你沒有太多思考與準備的時間，就需要做出判斷與決定，或者在不知不覺中，就已接受了一些任務與計畫。命運之輪到來時，任何改變，都需要從機會的觀點去看待，就算任務很艱難，只需思考如何應對，而不是如何推拖。不再執著於自己預設的方向，願意接受不確定的未來，才是命運之輪階段需要的行動。在此階段，你雖會經歷與過往不同的挑戰，但相信都會有人或好運在旁守護，幫助你度過難關。

逆位

求問目前經歷的事情抽到逆位命運之輪牌，可解釋為你正在抗拒進入試煉階段中命運之輪的考驗。你害怕事情無法順利進展，因而戰戰競競，如果發生意料之外的事，你會想盡辦法盡快解決，並努力回到原來的狀態。被迫改變讓人害怕，但改變才是英雄旅程要帶給我們的寶藏。在試煉之路，我們需要讓自己從安心的生活，進入全然未知的未來，並相信這一切都是命中注定，才能堅定地走下去。如果你對改變不安與害怕，請找到幫助自己安心的守護力量，就像命運之輪裡的四方天使，幫助我們度過難關。

過去曾經歷的某段歷程

正位

如果求問過去的某段經歷抽到命運之輪牌，可解釋為你在過去的經驗中，學習到命運之輪的意義。過去你可能經歷過不曾想過的變動，在原以為的災難或不幸之前，你沒有逃避或抗拒，反而讓自己好好去面對，卻帶給你不曾想過的人生願景與未來。在過去的變動中，你也體悟到天無絕人之路，以為無法走過的困境，卻都幸運躲過。雖然變動讓你無法持續原有的人生規劃，但從現在回顧，你卻獲得了未曾規劃過的人生。命運之輪讓你領悟，雖然我們需要對未來進行規劃，但意外來臨時，也要能夠放下規劃，才能與更大的世界相遇。

逆位

如果求問過去的某段經歷，抽到逆位的命運之輪牌，可解釋為過去你因為害怕，放棄了可以改變的機會，讓自己停留在原處，沒有持續向著旅程前進。或者你在快速的變動中，對自己只能跟著事情前進感到無能為力或無助。因為你對變動的抗拒，使你對身邊發生的事感到生氣、受傷與挫折，並對發生的事無法釋懷。雖然過去的你，未完成命運之輪的考驗，但過去的考驗也可以在現在持續完成，如果你的生活剛好來到變動當中，接受目前的處境，相信它並不是逆境，而是可以推動你走向改變的機會。不要害怕改變，每一天，我們都有很多好運在守護，你的旅程隨時都等待著你去完成。

7. 第七站：逼近洞穴深處

英雄要發現、同化它的對立面（也就是他沒有懷疑過的自我），不是吞下它，就是被它吞下。障礙被一個一個地突破。他必須把自己的驕傲、美德、外貌和生命拋開，向那絕對無可容忍的事物低頭屈服，然後他會發現他與自己的對立面並非不同種類，而是一體的。

——坎伯／千面英雄，111頁

XI正義、XII倒吊人

第七站是英雄進入關鍵任務的階段，佛格勒用逼近洞穴深處這個意象，來表達任務的困難與危險。而坎伯則在這一階段，分出了比佛格勒更為複雜的歷程：有試煉之路、與女神相會、狐狸精女人，可見這是英雄冒險的高潮，一方面英雄因為女神的出現，整合陰性特質，另一方面英雄會遇到狐狸精女人，因而受騙。女神與狐狸是相對立的意象，英雄在此遇到的考驗，不再能依據過去的經驗與價值判斷什麼是對，什麼是錯。英雄會經歷一次巨大的價值挑戰。在此階段，愚者在塔羅旅程遇到了正義牌與倒吊人牌，剛好是兩張相互顛倒的圖像，也代表愚者的世界觀會在此階段被顛覆，進入自我質疑、否定、迷失的狀態。

正義與倒吊人的圖像，不只人物有著相反的姿態，構圖也都呈現相對立的意象。例如：正義的背景被紫色的布遮掩，但倒吊人的背景卻沒有遮蔽物。正義圖像的兩邊，由柱子穩定地框住了在中間的人物、倒吊人則是由中間的一根樹幹，支撐著人物倒掛的身體。正義圖像在室內、倒吊人在戶外；正義人物的兩手都拿著物件向外伸，倒吊人則把雙手壓在身體下，掩藏起來。這種強烈的對比性，不只區隔出了兩張牌的不同，剛好愚者的英雄旅程也到了中途，正義與倒吊人是旅程的分界線，正義牌之前是愚者所理解的世界，進入倒吊人之後，愚者開始認識完全不同的世界觀。

正義牌人物頭上的皇冠，以及倒吊人的頭光，象徵了這兩個世界的不同道理。皇冠是被他人賦予的地位，雖是世俗世界最高權威，卻不是個人所有，而需要由社會、國家的認可，所以皇冠象徵著最崇高的統治者，但同時權力是被群體限制的。但倒吊人的黃色頭光，來自自身，象徵了屬於個人的光明。這跟牌卡上的文字意義也相符，「正義」指的是屬於群體的價值，而「倒吊人」這個詞，指涉個人的某種狀態。正義是被自己與他人理解的普遍道理，但倒吊人是個人所處的生命處境，在這種處境中，個人會如何實踐正義，就因人而異。

如果把這兩張並置在一起，就會發現正義被遮蓋的黃色背景，反而成為倒吊人的頭光，似乎在說明正義人物看不透的道理，卻是倒吊人所看到的世界。正義牌與倒吊人牌中的人物，他們認同的世界不同，成為兩者的對立與衝突。在逼近洞穴，愚者所面對的最嚴苛的考驗，是他所相信的世界崩塌，原有的道理與秩序都失控，猶如夢遊仙境的愛麗絲，進到兔子洞後，身體無法控制變大、變小，莫名其妙地被撲克牌士兵追殺，明明是對方無理取鬧，但被怪罪的是自己。這新的新世界，因是為愚者在正義的考驗中真誠的面對自己，發現了自己的特殊性，無法再跟以前一樣，跟隨他人的想法時，愚者就進入到了倒吊人的怪異世界。

逼近洞穴深處階段的提醒

在逼近洞穴階段，英雄有可能被他人欺騙（狐狸精女人），但這是因為英雄沒有真誠的面對自己，沒有揭發自我的偽裝，才產生的危機。所以在正義階段，英雄需要誠實說出真相。不再隱瞞自己的英雄，會發現異於他人的自己，就會像倒吊人，不再能夠認同他人的立場，成為無法融入群體的處境，這時英雄需要堅定自己的立場，不被外在壓力說服。

逼近洞穴深處階段的考驗

正義的考驗是在任何時候，都要說出真相，有些真相會讓自己或他人痛苦，但隱瞞卻無法公平的對待自己與他人。如何不再以「為你好」的理由而隱瞞或逃避某些事實，是愚者在正義階段需面對的考驗。不管如何堅持對的作為，對質疑、反對、批評會跟隨，這時愚者會成為不被他人認同的倒吊人，但為了對自己誠實，勇敢站在被孤立的立場，為了保有自己，也要能接受他人拒絕。

XI. 正義

圖像敘事

正義圖像的人物坐在圖像的正中央，與兩邊的柱子一起展現了穩定的視覺效果。人物穿著紅色的連身袍，充分展現了維持正義的熱忱。人物的一隻腳往前伸，是隨時準備行動的姿態，象徵了正義不只是概念或價值，是需要被實踐出來的秩序。人物一手持劍，並向上舉起，另一手向下拿著天秤，象徵了從高處而來的真理所執行的公平判決。

外在的魔怪並不是最可怕的任務，跟魔怪的衝突，會揭露英雄內在的偽裝與欺騙，英雄需要誠實的面對自己，才能完成關鍵任務。

正義圖像裡的人物，採用了歐洲神話中的正義女神的形象，但原蒙蔽女神眼睛，象徵正義是無私的眼罩，卻成為了遮蔽背景的紫色布幕。正義人物可以看到前方，但背後卻有著被隱藏的祕密，讓正義變得無法全然透明，象徵了正義階段被遮蔽的事實、偽裝與欺騙。偉特把正義牌定義為有缺失的人間法則，無法全然地公正、無私。猶如坎伯所提的女神與狐狸精女人，從表象上，英雄或許認為他能清楚分辨兩者，但如果有著偽裝與欺騙，英雄就會判斷錯誤而犯下重大錯誤。

象徵解釋

劍與天秤：真相與公正

在大祕牌裡，分別在命運之輪、正義出現了寶劍。在命運之輪是由史賓克斯斜持著劍，正義牌則是由人物向上舉高。剛好這兩張牌被排序在一起，並由劍的象徵，展現了道理與真理的意義。長刀刃的劍，是能傷害他人的武器，但在西方文化，配戴劍，也象徵了皇室、騎士等的高貴身分，象徵了王室權力與榮譽。在十字軍東征時期，劍把的十字形狀，也象徵了軍隊擁有的神聖力量。所以劍作為象徵，有著崇高意象，讓這些貴族階級成為守護城市、為社會帶來秩序的象徵，也讓正義女神的配劍，代表真理與正確的判斷。

在命運之輪，劍斜靠在史賓克斯的肩上，劍成為了配件，猶如貴族或騎士身分的象徵。史賓克斯的劍，並不是要向著敵人揮武，而是象徵著被賦予的高貴任務：讓圓輪依天道而轉動。但正義牌裡的人物，他的劍是直直的高舉，雖也不是迎向敵人的防備姿勢，但比起史賓克斯的斜靠，有著更大的威脅力，讓人物可以隨時揮劍出去，這與人物的腳伸出長袍的意象相呼應。命運之輪是天上的道理，也可以是自然之道，它以隱藏、人無法覺知的方式運作。但正義人物的劍，是使用在人間，追求真相，讓一切坦誠公開，才能清楚判決，直直向上豎立的寶劍，展現了揭開真相的堅持，在達到真相之前，絕不屈服。

人物的另一隻手向下拿著象徵公正的天秤，但什麼是「公正」？用客觀的標準一視同仁？還是依個人條件給予不一樣的對待？人的條件，本來就無法從公正一致的基礎出發，所以用客觀條件來衡量公正，常會帶來不公正的對待。有時候我們害怕真相會傷害他人，好意隱瞞事實，卻隱瞞剝奪了他人知道真相的權利，成為不公正的對待。所以會傷害他人的不是真相，而是隱瞞的行為。寶劍的真相與天秤的公正，兩者在一起才能實踐正義，如果只在乎真相，忽略了公正，就有可能用真相滿足個人的私利；只有公正沒有真相，就會表面上公正，卻造成不平等的結果。愚者的英雄旅程，在逼近洞穴階段，擁有了劍與天秤的能力，推動愚者不再生活在偽裝與欺騙中，能夠真誠面對自己，勇敢踏上為自己、為他人的公正之道。

柱子與布幕：被遮蔽的真相

塔羅大祕牌裡，總共有三張牌畫出了柱子，女祭司、教皇與正義，其中女祭司與正義圖裡的柱子最相像，它們都在中間掛起了布幕。但女祭司圖裡的布幕有著縫隙，可以透過縫隙見到背景中的海洋，若隱若現的背景，引誘著觀看者對背景產生好奇，想一探布幕之後的世界。但正義的布幕非常密實，變成遮蓋功能，我們只能從上方看到一些黃色，但至於布幕之後有什麼？或發生了什麼事？觀看者無法知道。這條布幕就像「此地無銀三百兩」的告示牌，不管後面有沒有隱藏什麼祕密，只要有布幕被拉起來，就會給人有所隱瞞的猜想。

正義背後的布幕，真的隱藏了不可告人的祕密嗎？還是布幕只是在告知，人只能在有限的觀點下，才能做出對的判斷？一旦所有的事實都被召告天下，什麼是對、什麼才是公平，是否將無法找到絕對的標準？布幕或許不是隱藏了祕密，而是正義在人間實踐的條件——無法全然透明，猶如故意不說的真相，或白色謊言。如果看律政劇，那些判決痛快、給觀眾帶來舒暢結局的故事，通常惡人都是十惡不赦的壞人。但也有一種故事，雖然對犯人做出了懲罰，但沒有人因為這判決而感到舒服，反而帶來了更多的疑惑。壞人受懲處，好人被救贖的故事，是我們喜愛的英雄劇碼，人們對這類電影的喜歡，彷彿也透露了想要黑白分明的期望。但現實並非如此。

判決一個人的罪並不容易，所以也會有人說，只有神才能判決誰是罪人。猶如聖經裡耶穌救下被丟石的不道德的婦人，耶穌問群眾，誰認為自己沒有罪就可以丟石頭，結果群眾慢慢散去。耶穌在判決他人的罪以前，以謙卑之心提醒與告誡，每個人都有可能犯錯，每個人都有可能是罪人，在指責他人前，也要能夠看到自己，才不會誤用正義。但人間的秩序，如果不獎善罰惡，會天下大亂。法律雖是努力為社會帶來公平的機制，但它並不完美，就像正義圖像中，只能看向前方的人物，背後卻有著無法公開的真相。在實踐正義時，唯有對自己誠實，認清人無法實踐絕對正義，才能讓正義之劍不去傷害到任何人，而能維護社會的公平正義。

女祭司的柱子用文字象徵了猶太聖殿，讓女祭司所在的空間，轉變為上帝所在的神聖領域，但正義牌裡的柱子只是一般建築物裡的柱子。當然，在古代，有柱子的建築一般都是皇宮或政府的行政處所，有著崇高的意象，所以這裡的柱子，象徵了人所建蓋的崇高理想。這裡執行人間的最高法律，但並不是神所在的神聖領域，所以遮掩背景的布幕，並不像女祭司的柱子，向上指涉神的存在，反而象徵了人的有限與不足。在正義階段，愚者的自我欺騙，會成為跟魔怪對戰時的最大危機，自我欺騙並不是愚者有意所為，而是愚者尚未接受與承認的缺失與不足，這些都會成為魔怪攻擊愚者的弱點，唯有愚者真誠的面對自己，才能度過逼近洞穴的考驗。

正義牌的英雄旅程解牌

目前正在經歷的歷程

正位

求問在目前經歷的歷程抽到正義牌，可解釋為你的旅程已進入到逼近洞穴的關鍵階段，旅程中最為艱難的任務即將開啟。在正義階段，你正面對著需要揭發真相，不再自欺欺人，或者揭露他人的謊言，抵抗不合理對待等挑戰。要面對讓人痛苦的真相並不容易，但不面對，就會成為逃避的藉口，無法全然安心過日。對自己與他人全然的誠實與真誠，是此階段的考驗，說出真相，可能會引起對跟錯的紛爭，就算你的行為被指責，或讓你無法接受犯罪的自己，但能夠誠實面對，才能讓自己自由，不再因為過去的逃避與對真相的視而不見，限制了自己的未來。

逆位

抽到逆位的正義牌，可解釋為你正在抗拒進入洞穴，洞穴內的黑暗與未知讓你害怕，所以你正在逃避或對洞穴視而不見。在命運之輪階段，事情的發展脫離你的意願，不管怎麼努力抵抗，最終還是要面對命運要你到達的結果。到了正義階段，反而需要有個人的決斷力，明確行動，才能解決眼前的困境。但你可能在拖延或說服自己，不想面對真相，並任憑他人為你決定，或指揮你的行動，無法成為自己的主人。這是對自己的不公平對待，表面上認同他人，但內在卻有著反感或不滿，這對他人也不公平。不管你需要面對的真相是什麼，唯有誠實面對，才能拿回人生的主導權，活在謊言或偽裝中，只能由他人決定了你的人生。

過去曾經歷的某段歷程

正位

求問在過去經歷抽到正義牌，可解釋為你需要從正義的意義去理解那段英雄旅程。在過去的困境，你的誠實一開始或許引起了一些紛爭，或者有人指責你的行為，但你仍堅持對自己、對他人以誠相待，最後反而更圓滿地化解了衝突。雖然你可以對真相視而不見，讓事情變得簡單，但你相信為了公正待人，需要堅守自己的立場。這段歷程讓你培養了自主的判斷能力，能夠站出來阻止不合理的對待，並且也能抵制外在壓力，不屈服於謊言、欺騙或偽裝，不逃避自己的責任，學習到坦然面對自己才能更真誠地對待他人的道理。

逆位

如果過去的某段經驗抽到逆位正義牌，可解釋為你在那段旅程沒能跨過正義的考驗，在需要為自己做出決斷、更真誠地面對自己時，最後把決定權交給了他人或時間，被動地接受了他人為自己做出的決定。如果現在的你，還是無法信任自己的判斷，無法對他人的要求提出反對意見，代表你的正義考驗尚未結束，還在等待跨越。為了避免衝突而沒有表達自己的意見，卻又對結果感到不滿，這種處境不管是對自己或對他人，都不公平；努力表達自己的想法，嘗試與反對自己的人溝通與說服，不管結果會如何，這些過程，才會讓人沒有遺憾與後悔。逃避了正義的考驗，會讓你處在無法主導人生的無助感中，也就無法好好活出自己的人生。

英雄進入懷疑自我，以及需要認同他的對立面的歷練，他需要向無可容忍的事物低頭，然後發現自己與對立面並非不同，而是一體。

XII. 倒吊人

圖像敘事

倒吊人這張圖，除了倒掛人的樹幹，沒有其他場景配置，所有的視覺都集中在倒立在中央的人物，他的頭正散發著光明，成為圖像的視覺焦點。人物的姿勢非常奇特，不只倒掛，他的腳只有一隻被綁住，另一隻腳被他壓在下方，兩隻腿交叉成十字。另外，雙手也被壓在身體下方，雖然看不到手的狀況，從一隻沒有被綁住的狀態猜測，雙手也可能是自由的。樹上的人物雖被綁著，但卻沒有失去隨時可脫離的自由，他是自願成為倒掛在樹上的人，所以臉部表情平靜。倒掛在樹上的狀態，很不自然，無法讓人對倒吊者產生信任，反而會害怕對方的異常狀態會威脅到我們的安全。倒吊人的樣子表現上像狐狸精女人，讓人看了會狐疑與小心，卻有著像聖人與天使一樣發光的頭部，圖像明顯把倒吊人與神聖意象結合，所以他是聖者？還是會危害我們的狐狸精？英雄只能藉由穿透表象的洞察力，才能通達真理。

象徵解釋

倒掛與樹幹：跳脫常軌的思維

倒掛並不是人的常態，雖然很多人做瑜珈、練功，會練習這種特殊姿勢，但也無法長久維持。把人倒掛起來，會讓身體感到不適，所以很多時候也會成為一種懲罰或拷問。圖像裡的人物，只有一隻腳綁在樹幹上，卻像一位修煉者，直挺挺地掛在樹上，從他的身體姿勢與臉部表情所見，這並不是懲罰或拷問，而是自願選擇的處境，至於為何要讓自己以倒掛的姿勢綁在樹上？答案可能就在人物的頭光上。他很平靜地觀看著前方，在他眼裡，前方的視野上下顛倒，他所看到的風景，並不是他過去所見的樣貌。但他沒有覺得現在的狀態不正常或不妥當，反而對倒掛樹上所看到的一切，猶如發光的頭光，讓人感到新奇與眼睛一亮。

倒吊人出現在正義牌之後，突顯出這張牌與正義有著顛倒的世界觀，當英雄處正義階段，真誠地對待自己後，才發現原以為很正常的自己已不再與他人一樣，個人內在與外在，開始產生更大的衝突。正義圖像以左右兩邊的柱子，象徵了黑與白、正常與不正常、對跟錯等等的對立，從正義牌的觀點，世界需要明辨是非、黑白清楚。到了倒吊人的世界，英雄決定忠於自己，把原來的對立，轉變成上下的樹幹，完全顛倒了正義的立場。樹幹是有機生長的植物，比起人工的柱子，樹與人的生命緊緊相連。所以倒吊人的樹幹，是化解內外衝突的努力，是讓生命能生意盎然的力量，比起正義牌裡的二元對立，倒吊人的顛倒讓人獲得有創造力的生命。

生活中，我們常遇到兩難的僵局，最常見的就是為家人付出，但自己變得不開心；對自己好，家人覺得我自私。與他者之間的關係平衡，一直都是我們難題。有一位在家工作的新手爸爸，想要依自己的工作時程完成工作，但小孩無時無刻哭鬧，讓他筋疲力盡又焦急，也因為失去了自己的時間而挫折。一行禪師聽了這位新手爸爸的煩惱後，問爸爸，照顧小孩的時間不是自己的時間嗎？這時新手爸爸才領悟，照顧小孩與工作都是他喜歡的事，如果不去區分我的與不是我的，他就沒有失去任何東西，只需在時間分配上，依小孩的成長進行調整。反過來看事情，原來不開心的生活，轉變為樂在其中的忙碌。

有些在工作中不快樂的人，並不轉換工作，而是在等退休，總覺得現在忍著存退休金，退休後就可以逍遙過日子。他們的人生被分為工作與退休後兩個區段，工作時為五斗米折腰，不快樂也沒辦法，總覺得退休後就可以全然擁有自己的時間。但是，人生真的可以如此分割嗎？只要未來快樂，過去的忍受都能被化解？

我常觀察到在工作期間不懂得快樂過生活的人，退休後就算不需工作了，還是不快樂。很多人把快樂視為是運氣，要發生快樂的事，人才會快樂，但快樂是能力，是不管處在什麼樣的處境，都能樂在其中的能力。所以倒吊人不會只想著退休後才快樂，他高掛在樹上，觀看的是生命的整體，思考要如何才能擁有快樂人生。

我們常說的智慧，就是從二擇一的苦境中尋得跨越與化解之道，跨越並不是做出二擇一的妥協，而是從更高的視野，看到正片森林，而不只是看到樹，並發現在森裡中不需要二選一，而是我們本來就處在森林中。就像新手爸爸從分割的時間看到合一的時間；從工作與退休的區隔，看到每一刻都是我的人生。所以倒吊人不只是要顛倒原來正義的觀點，而且還要用更高的視野，看向事情的整體，才能真正跨越在正義牌遇到的對錯、內外衝突。這種視野，需要推翻原來的刻版印象與常識才能獲得，所以愚者在倒吊人階段面對的考驗，是要能夠否定社會的主流價值，並從個人的生命處境作獨立思考，判斷出對自己最適當的行動，並且能夠勇敢做出與他人不一樣的選擇。

頭部的光環：真正的力量在我內

偉特把倒吊人的頭光形容為殉道者的光。殉道者指早期基督宗教尚未成為可公開的宗教之前，那些為宗教而死的基督徒。每位殉道者在殉道時，都有可能被主流社會視為是罪犯或惡徒，因而被處死。但在基督宗教成為帝國認可的宗教後，這些為信仰而戰的亡者被尊崇為聖人。在現代社會，對少數意見者的迫害持續存在，那些挑戰傳統價值、不公的社會制度與公權力的行為，也有可能被視為是擾亂秩序的犯罪，被當權者壓制。雖然不被他人認可，甚至會面臨生命危險，一直以來還是不斷有人站在主流價值的另一邊，就算是雞蛋碰石頭，也會堅持自己信念。

在一些公開場合，我們也會見到一人示威者，不管他們所主張的議題為何，一個人想要改變法律或影響大多數人的看法，都是很困難的。所以這些人的示威，或許並不是為了改變什麼，而是為自己而戰。每個人活著，都有個人認同與想要守護的信念，當那些信念被否定時，就像自己的價值被否定一樣，會感到受傷或生氣，甚至不再能自重地活著。所以這些少數的抗議者，未必不知道自己的力量微小，無法改變社會，他們的發聲是為了改變自己，不讓自己成為被他人決定的人。正義牌裡的皇冠，是展現給他人的權威象徵，但倒吊人的頭光，是個人的榮耀與光明，那是獨屬於個人的生命之光。

如果為了改變社會而戰，最後卻沒能達到結果，就會讓人因失敗挫折，對社會充滿忿怒與敵意。但為自己而戰，就算沒有被主流所接納，也已經維護了個人尊嚴，改變不了社會，但可以不受委屈地活著，所以即使知道自己是雞蛋，還是會無怨無悔的撞上石牆。愚者在逼近洞穴階段，經歷倒吊人的考驗，代表他所遇到的魔怪與敵人，氣勢非常強大，讓英雄想要逃出洞穴，但在此退後，過去旅程中的努力被否定了，如要正面應對則必死無疑。這時，英雄需要像倒吊人一樣，先不直接跟魔怪對招，而讓自己站在高於魔怪的位置，好好觀察魔怪，重新評估自己的優勢，才能找到以智制服魔怪的方法。就像希臘神話裡的蛇妖梅杜莎，她的眼睛會石化所有人，戰勝她的英雄柏修斯，獲得神明給的盾牌，用盾牌反射了梅杜莎的眼神，才能制勝。神明給的祕密武器，就像倒吊人把自己高掛在樹上後，所獲得的高於過往的觀察與領悟，可幫助愚者在考驗中轉敗為勝，但這一戰並不容易，也可能面對逼近死亡的危險。

倒吊人牌的英雄旅程解牌

目前正在經歷的歷程

正位

求問目前所經歷的事情抽到倒吊人牌，可解釋為你已進入到逼近洞穴階段，需要面對比自己更為強大的敵人。敵人用他的氣勢壓制你，告訴你只要屈服於對方，就能平息一切事端，但你卻發現自己不想順服於對方的要求。在此階段，因為他人的批評與不認同，會讓你不斷質疑自己的立場與堅持的正當性，消耗大量的精力進行內在對抗。你在正義牌階段，開始看到了真實的自己，不再能對他人偽裝，反而帶來了更多的內在衝突，在倒吊人階段，化解衝突的方法是靜觀其變，不需急著做出行動，在衝突中忠於自己，慢慢釐清自己的想法與立場，才能做出有智慧的決定。

逆位

求問目前經歷的事情，抽到逆位倒吊人牌，可解釋為你正在抗拒進入逼近洞穴的考驗，你遇到他人的反對以及批評，讓你質疑自己，並決定跟隨主流，否定了自己真正的想法。你希望自己能夠被他人認同，但現階段的任務，反而要能夠為自己發聲，不再跟隨主流價值，而能成為異於他人的少數者，才能進入倒吊人的考驗。在正義牌的世界，你雖勇敢的面對真相，但也讓自己被孤立，你原來堅守的立場被他人質疑與否定，導致你不再能夠相信自己的判斷，所以選擇認同他人。倒吊人的任務，是在對錯立場的紛爭中，比起選邊站，更需要讓自己站在高處，遠離外在壓力，才能釐清自己的想法，並做出成為自己的選擇。

過去曾經歷的某段歷程

正位

如果求問過去的某段經歷抽到倒吊人牌，可解釋為在那次的歷程中，你遇到被他人拒絕、否定的危機，或者被要求不能提出反對意見。但你抵抗了主流意見對你帶來的威脅，堅持自己的立場與想法，讓自己成為更為獨立自主的個體。在那段經驗，你成為黑羊，是別人口中的異類與害群之馬，因此失去一些社會關係。但在倒吊人階段，勢必會經歷被倒掛在樹上的不舒服，但已看清現實的你，比起在舒服的同溫層偽裝自己，你更想要做自己，走向獨屬於自己的道路。過去完成倒吊人考驗的你，在他人面前，有著更為鮮明的特色，也更有主見。

逆位

在過去某段經驗抽到逆位倒吊人牌，可解釋為你在逼近洞穴的倒吊人階段，離開了洞穴，沒有完成旅程。在那段經驗，你無力抵抗他人給你的壓力，在被孤立的狀態下，感到無助與受傷，所以有可能放棄了自己的決定，跟隨了他人對你的期待。倒吊人是成為自己的重要考驗，雖然和諧的社會關係很重要，但如何在關懷他人的同時，不犧牲自己的意願，成為倒吊人階段的挑戰。每個人都擁有跟他人不同的想法，認知到與他人的不同，就是成為自己的開始。如果在目前的生命處境，你遇到了因為外力而需要放棄自己的抉擇，試著讓自己成為倒吊人，先遠離他人對你的影響，重新省思想要成就的自己與未來。

8. 第八站：苦難折磨

當他跨越一個又一個的門檻，征服一隻又一隻的龍怪後，對精神性的要求隨之增加，直到含容了整個宇宙為止。最後，心打破了宇宙的局限，達到超越形相的領悟，一種無可遁逃之虛空的體悟。

——坎伯／千面英雄，200頁

XIII 死神、XIV 節制

英雄旅程的第八站被命名為「苦難折磨」，但坎伯則用了「向父親贖罪」與「神化」來命名了這個階段，剛好對應到塔羅裡的死神與節制兩張牌。在這一站，英雄會體會到無路可走的絕境，本以為可以突破難關最終獲得勝利的英雄，發現自己無力抵抗魔怪的攻擊。英雄戰敗，死裡逃生，他想逃離「英雄」之名，認為自己無法成為跨過考驗的勝利者。英雄的逃避，並未為他帶來心安與平靜，所以是從此投降？還是捲土重來？

這些歷程就是在苦難折磨階段的重要考驗。猶如神話中，英雄的另一個我在瀕臨死亡後重生，或者在電影裡的超級英雄，雖被敵人打敗，但因而有了面對自身的缺陷與脆弱的機會，最後英雄接受了自己的不足，重新認清自己，才有了能夠打敗敵人的力量。

坎伯認為，神話裡英雄需打敗的魔以父親形象出現，父親象徵了人必需服從的內在指令（有如佛洛伊德說的超我），過去的英雄，認同權威的父親，壓抑自己的欲望，內在無法整合這兩者的矛盾與衝突。但決定忠於自己的英雄，不再能全然臣服於父親，以至於最後以贖罪的方式拋下父親對自己的影響，不再害怕與壓抑內在欲望，而讓欲望升華為成熟的自我。這就是坎伯所說的「神化」階段。在中國的《封神演義》中，哪吒的故事剛好出現了離開父與神化的兩種意象。故事中的哪吒到海裡的水晶宮殺了龍王闖禍，為了不讓父母被天神懲罰，他用刀子，割肉還母、割骨還父，但被神相救，之後成為護法神中壇元帥，又名三太子。哪吒的割肉與割骨，不符合儒家的身體髮膚受之父母，不敢毀傷的倫理，但它象徵了認同於父的「我」死亡，並讓另一種自我狀態，在天使的庇佑中昇華。

死神圖像裡的水，分割了此岸與彼岸兩地，象徵了在衝突中無法整合的生命狀態。畫面中還有四位人物，分別代表了英雄內在自相矛盾的自我，當死神到來，這些人物一一死去，英雄才能在寧靜的彼岸獲得新生命，進入在對岸陽光昇起的入口，完成死神階段的考驗。而節制圖像裡的水，由天使的腳與手中的杯子，把原本分割的再次連結，原來無路可走的死境，卻在天使後方，出現了向著遠處延伸的道路，道路的盡頭有著發光的皇冠，與天使頭上的光暈相互應，成為節制圖像的兩道光明，一道照亮了橫向流動的水杯裡的水，另一道則照亮著向著高山延伸的道路。

塔羅裡的愚者，在正義與倒吊人的階段，真實的面對自己，過去的偽裝在死神階段一一死去，從而為新的自己整理出一條道路。這就是斷捨離的功課，一個新世界的到來，是從舊世界破壞與毀滅的開始。但死神之後，為何由天使來象徵新的自我呢？天使是在人之上的精神存在，祂所象徵的是被昇華的精神，就像倒吊人需要高掛在樹上，才能看清正義牌被掩蓋的事實。天使的境界，象徵了英雄的精神獲得了更高的整合，這就是坎伯所說的神化，英雄成為身心合一的整合之人，或更為完整的個體。

苦難折磨階段的提醒

如果感覺自己被打敗了，無路可走，那是因為你堅持著過去的觀念與行為。只有改變，才能看見新的出路。相信在絕境中，有天使的保佑與守護，人的苦難折磨，在天使之光的帶領下，都會成為強化自己的內在力量。

愚者的驕傲、美德、外貌和生命都被吞入未知領域，他幾乎死去。愚者面對的死亡並不是肉體的死亡，而是他的自我想置自己於死地，面對個人局限的巨痛，成為精神成長的巨痛。

苦難折磨階段的考驗

死神的到來，不管有多少準備，必經漫長的不安與痛苦，而且無人例外。放下僥幸的想法，才能明智地度過死神帶來的斷捨離考驗。在凡人眼裡，死神帶來的是死亡，但英雄會看到死神背後的光明，天使的光明會在死亡的黑暗中引導英雄到達心安之地，沒有找到天使的英雄，也無法踏上天使背後的英雄之道。

XIII.死神

圖像敘事

死神圖像以多人構圖，以騎著白馬、高高在上的死神為中心，與人物間形成了複雜的互動關係。死神騎著馬，手拿繪有白色玫瑰的旗子，身穿盔甲，他的骷髏被盔甲隱藏，比起死亡的恐怖氛圍，反而多了像騎士一樣的優雅風範。在他的白馬下，國王已經死亡，他的皇冠掉落在一旁；穿著黃衣的教士，他的雙手猶如祈求者，向著死神伸出了雙手。另外帶著小孩的女人，轉頭避開了死神的到來，但小孩卻手拿花束仰頭看著死神。這些人物全都出現在圖像的前景，中間出現了一條河流，把背景一分為二，河流的後方則是高聳的懸崖，在遠處，則有兩座高塔。在高塔間，太陽正升起。對岸無路可到達，所以在圖像裡，此岸與彼岸的分割，象徵了死神帶來的結束與終結意象。

象徵解釋

死神與白馬：帶來新生命的騎士

偉特塔羅裡的死神，除了骷髏造型之外，其他都跳脫了傳統對死神的印象，西方文化所描繪的死神，大多以骷髏身體、手持鐮刀，散發駭人的氛圍，但偉特卻為死神賦予了騎士形象，並把鐮刀換成了旗子。死神通常是帶來死亡與結束的角色，但騎士則奔向危難之地，帶來希望與未來，甚至會成為救世主，拯救在絕境中的人。偉特圖像裡的死神並不只是帶來死亡與結束的亡者之神，而是想要帶領人群到達對岸，在那裡人的精神才能獲得改變，並為生命帶來新氣象。我們常會以蝴蝶的蛻變來象徵死亡帶給我們的另一種生命狀態。

死神手上的旗子，繪製的是象徵聖母的白色玫瑰。聖母是耶穌之母，在基督宗教裡象徵了女性對苦難的關懷，所以在中世紀的宗教繪畫，聖母也會出現在煉獄，用她手上的玫瑰念珠解救受苦的靈魂，讓他們都能到達天堂，獲得永生。這就像在民間救苦救難的觀音，給受苦的人安慰與救援。白色玫瑰與白馬，都散發著高貴氣息，也象徵純淨、無染的靈魂，所以死神的到來，也是為生命進行一次淨化與升華，這也是為何在偉特的死神牌，沒有強調死神的駭人樣貌，反而用黑色的盔甲包覆了骷髏之身，頭盔上還有象徵生命力的血紅的帶子，象徵了死神雖帶來了結束的訊息，但這是讓生命活躍的永生之道，並不是生命的終結。

死亡一直都是人很難跨越的恐懼。自古以來，神話與宗教，都會描述死後世界，讓死亡不再是結束，而是另一種生命狀態的轉化。過河、過橋、喝孟婆湯、吃冥界的食物等等，都象徵了神話中死後的生命轉化，延伸了人對生命終點的想像。但除了生死的終結，死亡也常比喻為精神狀態的轉變，強調了人不只有著肉體的死亡，還有精神生活，肉體與精神都需要死神的看顧，才能真正活著。心已死的人，肉體雖然還在，但跟死了沒有差別，或者，肉體雖在病痛與死亡的威脅中，但只要心活著，每天都還能是日日更新的好生活。

愚者的英雄旅程來到死神階段，會被敵人打敗，並經歷一次自我的消亡。雖然愚者在挫敗中想過要回頭，放棄考驗，但挫折是認知自己有限與不足的過程，真正的強者能夠認清個人的侷限，不需要用偽裝來自我膨脹。但自我的消亡，不會像閃電一樣快速完成，反而需要時間一一面對內在各面向的自我，這些歷程由死神圖像裡的四個人物來展現。看到死神，愚者也會害怕，也想要逃避，但他遇到的是騎著白馬的死神，手上握著的並不是象徵死亡的鐮刀，而是帶來新生命的聖母玫瑰旗。如果能夠跳脫凡人對死亡的恐懼，就能從死神獲得精神生命的轉化。

四位人物：在死亡前陪伴我們的生命價值

在圖像中，死神與人物，大多以對角線的方式與死神相連，只有躺在馬下的皇帝不在死神的視線範圍，但教士、女人、小孩，都成為死神直接面對的對象。這些人物的社會身分各有它的象徵：皇帝象徵了最高權威者，教士象徵了虔誠的信仰者，女人與小孩則是成人與孩童。這些人物的出現，說明沒有人可以躲過死亡，而且也沒有人能夠預知死神何時會帶來。也因為死亡的無可預知，當死神到來時，通常都會讓人抗拒與不知所措，或者像滾落在地上的皇冠，世俗世界的權力、地位、物質的追求，都會變成無用之物。

這些人物，不只代表了社會上的不同階級與地位，他們在死神前的姿態，也分別象徵了人在面對終結時的各種心境。例如倒在地上的皇帝，他是四人中第一位死亡的人，但為何是皇帝先面臨死亡呢？皇帝象徵了財富、權力與地位，這些是死亡後就不再能擁有的外在之物，所以國王就成為最先死去的象徵。另一個沒有正視死神的是女人，女人象徵青春，她對死神視而不見或逃避，以拒絕老與死。另外有教士與小孩仰頭面對著死神，教士的黃色服飾與後方的太陽意象相連，象徵了他的精神修練，似乎已在預備死神的到來，等待進入新的生命狀態。而小孩對死亡的不知，不受死神的威脅，反而展現了對死神的好奇。

在猶太經典《塔木德》裡，有一則故事講述有個人，即將面見行政官員，他請求朋友們的陪伴。第一位朋友拒絕同行；第二位朋友同意陪伴，但僅至入口處；第三位朋友則陪伴他進入並為他辯護。在故事裡的行政官員象徵了死亡，三位朋友分別象徵了財富、朋友或家人，與善行。也有部電影叫《一路玩到掛》，主角是一輩子只拼命賺錢的有錢人，當得知自己快要死亡時，才發現自己只剩下錢，沒能好好體驗人生。有錢人列出了遺願清單，希望在死亡前都能完成。他與病友一起環遊世界，但死前才發現，真正能讓他心安的願望是與女兒和解，並發現無意中幫助了病友，電影也把財富、朋友與家人、善行用遺願清單的方式說故事。

這三個象徵，也能對應到死神牌裡的人物，例如皇帝是財富，在死亡前最無用，所以已倒地；女人向旁避開了死神，但緊牽著小男孩的手，象徵了只能到入口處的家人或朋友，但會陪我們到入口；最後是教士，他身上的黃衣與後方的太陽意象連結，象徵了陪伴到最後的善行。小孩沒有出現在故事中，但孩子通常離死亡最遠，所以不受死神影響，好奇地觀望。在英雄旅程，死神並不是最後一站，所以這張牌，並不代表終結，但它是結束、一次瀕死經驗的模擬，會幫助我們重新省思生命價值。生命即將走入死亡時，你想要如何活著？你想要改變什麼？你想要成為什麼樣的人？你想要做哪些事？這些就是進入死神階段的愚者需要探問的問題。在這裡，過去的自己已無路可走，需要先死去，但未來的自己還未誕生，就像死後要走過的奈何橋，我們的生命象徵性的處在死與生之間，但也獲得為自己帶來新生命的機會。

死神牌的英雄旅程解牌

目前正在經歷的歷程

正位

當求問目前經歷的事情，抽到死神牌，可解釋為你正進入到苦難折磨階段。在此階段，過去對你來說有用的方法都會失效，事情不但沒有獲得解決，打擊你的事情還有可能一個接一個到來，使你感受到無路可走。死神階段的痛苦，來自於你相信只要努力，沒有解決不了的困境，並執著於用自己的方法去應對。你的執著，有可能推開了想要幫助你的人，你一個人孤寂、辛苦地承擔著各種磨難。這時，更需要把注意力從外轉向自己，不是一直在問：還可以用什麼方法解決？而是反過來問自己，我需要改變或放下自己的哪些部分？死神階段的功課，是放下執著，一旦先從「我一定要如何」的想法走出來，會發現並不是無路可走，而是只要後退、轉彎，就可以再找到另一條前進的道路。

逆位

求問在目前所經歷的事情抽到逆位死神牌，可解釋為你正在抗拒走入苦難折磨的階段。改變自己並不容易，尤其是改變需要經歷離開或結束的過程，害怕之下，你放棄與逃避。但承認自己被打敗，已無能為力，並不只代表自己的失敗，也是重新認識自己的開始。個人的能力有限，並不是每件事情只要努力就可以獲得解決或完成，離開與結束，也是一種選項。不是每一次的離開與結束，就是放棄，如果離開與結束不是為了脫離苦境，而是為了讓自己走向成長的道路，離開與結束就會成為向著未來的積極動力。逆位死神的出現在提醒你，在目前遇到的困難，你可能想要維持現狀，但這種想法才是對改變視而不見的自我逃避。

過去曾經歷的某段歷程

正位

如果求問過去的某段經驗抽到死神牌，可解釋為在那段經驗，你曾經歷過無路可走的困境。在困境中，你雖積極努力，卻被他人視為是麻煩或沒用的。過程中，你越來越否定自己，甚至認為自己是沒有能力的失敗者。但過了一段時間的煎熬後，會發現過於執著的自己才是造成困境的原因，並不是他人拒絕你，而是你無法接受他人對你的批評或否定。這些領悟，雖然不是像閃電一下，快速帶來改變，但幫助你為結束做準備。你學會了退一步海闊天空的道理，以及改變必有的失去與獲得，有了那次的經驗，你已不再害怕死神帶給我們的生命狀態，也較能面對結束與離別的人生功課。

逆位

求問過去某段經驗如果抽到逆位死神牌，可解釋為你抗拒了那段歷程中的苦難折磨階段。你說服自己維持原狀，不想要改變或離開任何狀況。雖然你不想離開或結束任何事，但你會被迫接受事態改變，這反而讓自己成為受害者，因此對他人有怨言，對自己也自責或生氣。或許過去的那段經歷，還在影響著你目前的生活，所以現在正是面對死

走出深淵的英雄，打破了自我局限，並在自我的內在中找到個人生命的泉源，它一直在那裡，等待英雄撕去偽裝的自我，到達心靈深處。

神功課的時候。死神的到來確實很讓人害怕，你需主動放下或離開，但如果這是斷捨離的過程，失去與放下只是一念之間，為了讓全新的自己誕生，把舊物清掉，挪出新的空間是必要的過程。如果你不知道要如何開始才能面對死神，可以從清理生活空間開始，外在空間的斷捨離，也會為自己的內在帶來不一樣的改變。

XIV. 節制

圖像敘事

節制牌是唯一由天使作為主角，沒有人物的圖像。天使直立在圖像中央，給予視覺上穩定的安心感。但天使一腳踏水、一腳踏地，腳步有點傾斜；祂手上拿著一上、一下的水杯，剛好與腳步形成同樣的角度，再加上水的流動，整體構圖以靜中帶動的方式，帶來了安定中又有流動感的自在氛圍。天使的頭光與背景中的發光體，把圖像聚焦在天使與背後的道路上，這兩者都成為視覺焦點，也是圖像中要解釋「節制」意義的重要象徵。節制的概念，在中文語境，會給人克制或壓抑的意象，但圖像中展現的氛圍，卻是自然的流動與平穩，而且還有向遠處延伸的道路，可以感受到圖像中的節制是會延展、流動、有彈性的狀態。節制所指涉的意義，並不是人為的克制，而是隨心而安的中庸之道。

象徵解釋

站定的天使與流動的水：被保佑的安定與自在的心

在大祕牌中，戀人、命運之輪、審判、世界，都有出現天使，但在這些圖像中，天使都與人物相互搭配，唯有節制牌沒有人物，只以天使為核心。天使的意象雖來自於西方，但現代人並不陌生。天使猶如華人文化中的祖先、神明、護身符，是與人最接近的崇高者；天使也是人與神之間的橋樑，高於人的精神存在，所以人可以從天使身上獲得精神力量，這些都是塔羅大祕牌裡的天使意義。其他圖像，強調了人與天使的關係，但節制牌只有天使，但又以類似人間的場景為背景，所以天使意象象徵了昇華的英雄自我。

天使站在圖像的正中央，不偏不移，紅色的翅膀跨出了圖像，與天使的身體形成了十字意象。紅色的翅膀與白色的衣裳，形成了強烈的視覺對比，身體相對變得輕盈，翅膀變得強而有力。沒有重量感的身體，輕巧地站在水底與石頭上，正巧與祂手中上下倒水的杯子形成同樣的傾斜角度。在直線的十字形象，用流動的水流，畫出了兩道斜線，展現出穩定卻不僵化的整體視覺感。如果這是人的內在世界，水的流動，就象徵了生命的流動，代表身心和諧的狀態。和諧會帶給我們內在的安定感，但這種安定，並不是為了固定或不變動，而是可以自在隨性而為。

天使的整體意象，沒有任何需要克制或壓抑的人為努力，當人想要用自己的力量到達和諧狀態時，會努力與衝突妥協，但妥協容易成為無可奈何的退讓，也是一般人對「節制」概念的理解。從內而來的和諧與平衡，並不是努力做出來的結果，而是從內在的安定力量發揮出來的、隨遇而安的態度。這就像有些人天塌下來也能處變不驚，總能看到希望而不慌張；但也有人在小意外中驚慌失措，認為人生已終結，沒有希望。如果想要像節制牌一樣，獲得內在平安與詳和，要怎麼做呢？內在的安定並不一定要做什麼，而是找回內心深處的天使，天使就像人的初心或本心，安心的力量是天使送給我們的禮物。

在華人文化，比起天使，我們更常用老天保佑、祖先保佑、阿彌陀佛等語言來表達平安的企求。在危急時刻，這些保佑會給我們不可思議的感受，像奇蹟一樣幫助我們躲過危機。家人要求我們戴在身上的護身符，平常可能會覺得只是為了心安，但經歷了危難，護身符就成為保佑的必要物件。但除了危難時刻，這些保佑力量就不在身邊了嗎？過去家家戶戶都有神桌，家裡燒香拜佛、拜地基主，保佑力量與我們的生活同在。而今都市化的家庭空間，神桌退出了，神佛住在廟裡，不再與我們同住，所以在日常中，我們變得只能依賴自己，比以往更難找到隨遇而安的安定感。

人活著，有可能每天都在面對無數個危急時刻，出門、上班、見朋友、回家的一天行程中，不知有多少可能的危險與意外，都被我們幸運的閃過。有一本繪本叫《爺爺的天使》，故事裡的爺爺是出生在二戰的德國人，當他臨終時，對孫子說著自己能夠活到現在是多麼不可思議。成長過程中，他可能受傷無數次，或生病死亡，他的朋友戰亡，也有些人在飢餓中死去，但他卻長大成人、結婚生子，體驗了當爺爺的快樂。如果不是天使保佑，這些如何可能？找回內在天使，是相信這世界有幫助我們的友善力量，這種友善，就以天使、祖先或神佛的意象在文化中傳承。在塔羅旅程中的愚者，雖然在死神階段幾乎被敵人打敗，但因為找到心中的天使，不會因為挫敗而封閉自己，雖經歷了磨難，還是能信任與關懷他人，這才是英雄異於凡人的態度。

向著高處的道路：英雄旅程的寶藏所在

節制圖像裡的道路，從水裡延伸，需要跨過天使所在的水池，才能踏上道路。這象徵了天使本身就是道路，或者要找到天使，才能見到祂後方的道路。聖經裡耶穌曾說：「我是道路、真理、生命。若不藉著我，沒有人能到父那裡去。」節制圖像，用天使展現了耶穌的話語，如果把這句話用在英雄旅程的節制階段，天使就成為愚者在旅程上要尋找的道路，而這條道路會帶領愚者明瞭真理與生命，也是英雄旅程會獲得的永生靈藥。

偉特大祕牌裡有兩張牌出現道路，一張是節制，另一張是月亮，兩張圖的道路也都從水裡延伸。月亮圖像裡的道路，雖出現在圖像中最明顯的位置，但道路卻被動物與水裡冒出的蝦擋住，並且向著未知的黑暗延伸，道路是受阻的。節制圖像中的道路，雖隱藏在天使的後方，但有光在引導，向著道路的水面，也沒有受阻，可經由天使，順利走上道路。向著高山的路，有著更上一層樓的意象，象徵了英雄不斷跨越自己的不足與挫敗，並一路過關斬將、昇華衝突的過程。當英雄在死神階段跨越到彼岸，到達太陽升起之處，發現太陽原來是天使的頭光，而這頭光，再移到背景中的道路，一路引導英雄完成任務。

除了道路，節制圖像裡充滿三的意象，例如圍繞天使的是開滿花的平地、水池與高山、天使旁邊有著三朵黃色鳶尾花，兩朵盛開、一朵是花苞，正等待開花，鳶尾花的花體有三瓣、天使胸前的三角形圖案等等，在西方神祕學，三象徵了物質、靈魂、精神，在節制圖像裡，以三的意象，強調了英雄透過考驗，成為可以整合衝突的個體，讓內外變得更為和諧。但尚未開花的花苞，則預言了旅程尚未結束，愚者需要踏上回家的道路，才能真正完成整合內在的工程，成為名符其實的「英雄」。

節制牌的英雄旅程解牌

目前正在經歷的歷程

正位

求問目前的生命處境抽到節制牌，可解釋為你剛走過苦難折磨，在艱辛的經歷後，終於再次獲得了安寧的日子。就像經驗了大難的人，希望盡快回到無事無為的日常，節制階段就是天使送給你的平安祝福。不管過去有過什麼樣的爭執與糾結，事情都已告一個段落，就像颱風過後的寧靜，雖然風雨留下的破壞依然要清理，但找到心中的天使，你就有力量善後與重建。在節制階段，你可以從重覆、簡單的日常找回平安，不需要規劃什麼，也不需要特意安排，只要讓自己好好過每一天。平靜的生活會帶給你安定感，才能在無常與困境中，持續相信世界的友善，也能溫柔對待自己。

逆位

求問目前經歷的事情抽到逆位節制牌，可解釋為你的旅程停滯在死神階段，沒有找到讓自己走出痛苦的方法。趨樂避苦是人之常情，但當你深陷在痛苦中時，因為情緒翻騰，不再能冷靜判斷；以為是在解決問題，卻不知自己一直在撞牆受傷，並把痛苦視為努力突破困難的証明，所以也沒有想到要做出改變，好讓自己盡快走出痛苦。逆位節制在提醒你，你已經完成了死神功課，你需要的是身心休養，先讓自己暫時離開產生痛苦情緒的環境，找到身心放鬆的地方，過一段簡單、平靜的生活，為自己的生活中找回安定感，不要有壓力。經歷了死神的磨難，我們都需要時間修復分離或結束的傷痛，你的死神階段已完成，所以允許自己離開痛苦，再次回到平靜的生活，好好吃、好好睡，照顧好自己的日常。

過去曾經歷的某段歷程

正位

求問過去的某段經驗抽到節制牌，可解釋為在那段經歷中，你學習到經過大風大浪後，簡單過生活的美好與喜悅。沒有暴風雨，就不會珍惜無風無雨的平靜；沒有死神的遭遇，我們也無法體悟平淡的幸福。懂得節制意義的你，就能好好面對人生中無法預測的意外與風雨，不會在風雨中感到無助而沮喪。不管在什麼樣的風雨中，你都能相信天使保佑，需要時，可以勇敢衝向暴風雨。節制階段的歷練，讓你在風雨中，不再感到孤立無助，不管那是神明、祖先，還是重要的人給你的支持，都是你在風雨中看到照看著自己的光，並知道風雨之後，就是雨過天晴的日子。

逆位

求問過去某段經驗抽到逆位節制牌，可解釋為你尚未讓死神離開你的過去。你為何會讓自己一直與死神共處呢？有沒有可能認為自己命該如此？或者因為做錯了什麼應受懲罰？對他人溫柔的人，有時也會對自己過於苛責，或很難原諒自己，但經歷了死神的磨難，你需要的是安撫與治癒，而不是自責。如果不想讓過去重蹈覆轍，就從改變現在開始，彌補過去，並不是讓自己活在遺憾中或者不原諒自己，而是讓自己在未來成為更好的人。現在是走出死神階段的時候，用節制的天使力量，好好照顧自己的身體與生活，對自己溫柔，才不會因為害怕受傷而躲避他人。不怕受傷，不怕被拒絕，永遠向著他人開放，在節制階段，你要學習成為向著他人開放的勇者，相信你被天使保佑，有著療癒自己的力量。

9. 第九站：獲得寶藏

給予祈福者的恩賜總是依當事人的精神層次，以及他主要欲求的本質而定：恩賜只是生命能量的象徵，降格以符合某個案的要求罷了。當然，諷刺的是，贏得神祇垂愛的英雄，雖然可以祈求賜與徹底的啟明，但他通常要求的是活得久一點，殺死鄰人的武器，或是小孩的健康。

——坎伯／千面英雄，200頁

XV惡魔、XVI高塔

獲得寶藏是完成任務後獲得賞賜的階段，坎伯把這一階段稱為「終極恩賜」。但什麼才是英雄想要的恩賜呢？恩賜未必是凡人認為的禮物或寶物，追求超越的英雄所獲得的恩賜，反而會成為對英雄的考驗。猶如佛陀與耶穌，他們在成道之前，惡魔用名利、女人、金錢等誘惑他們放棄成道之路，或者把他們推向孤立的處境，給予威脅。誘惑與威脅在考驗自我的成熟與獨立性，就像小孩，人格尚未成熟，最易受到誘惑與威脅。英雄在獲得寶藏的階段，容易因為誘惑會失去自我意志，英雄的「我」在此階段被嚴苛地質疑與考驗。

惡魔與高塔牌的構圖非常類似，惡魔與高塔豎立在人物中間，有著權威與壓迫的意象，但也保護著圖像中的人物。站在兩邊的人物為了獲得保護，都失去了自主力，一邊是被綁著的不自由，另一邊的人物原來在安全的高塔內，但一次雷擊就驚慌地拋出，突顯了無可奈何與無助。惡魔與高塔，分別展現了保護的意象，一邊是關係受到保護，另一邊是保衛自我安全。一旦用保護來對待關係，就會成為依賴。曾經有位好友強力阻止女兒留學，原因是他無法保護在國外的女兒，如果有三長兩短，他無法原諒自己。這位友人在女兒成年後，還是把父母的責任視為是保護，結果限制了女兒的發展，同時把他的人生依附在子女身上，成為惡魔圖像裡被鐵鍊拴住的兩個人。

同樣地，用保護來對待自我，就時時刻刻害怕自己受到攻擊或威脅，因而焦慮地做出各式各樣的防衛。有些人很容易把他人的意見解讀為對自己的批評與攻擊，會極力維護自己，或用反擊的方式回應對方，無法進行友善的對話與互動。這些人用很堅固的高塔保護著自我，把自我視為極其無助與脆弱的存在。在節制階段，愚者獲得了天使的保佑，這種力量讓人依靠與安心，幫助愚者度過難關，但天使的保佑如果只為了獲得安心的保護，而不是為了精神昇華的學習，就可能成為向著惡魔的依賴，以及封閉自我的高塔。成熟的關係或自我，需要的不是保護，而是可以成長與改變的空間，所以如何斷掉惡魔鐵鍊、從高塔中一無所有地逃出來，成為在此階段需面對的考驗。

愚者的英雄旅程，開始於魔術師與女祭司的召喚，他要成為的英雄，並不是為了獲得世俗成功或成就，而是如佛陀或耶穌，走向精神的自由與超越之路，並養成獨立、成熟的人格。所以愚者在惡魔階段會面對財富、名利、永生、超能力等等的誘惑，有可能接受了惡魔的邀請，獲得世俗生活的富足與安定的關係，卻驚覺鐵鍊被套在自己身上，築起了高塔，失去了自由。要重獲自由，就要拋下所有的寶藏，兩手空空、一無所有地從高處墮落。不管墮落是自己的選擇還是被迫，這都會是一次震憾愚者的經驗。在逃離與失去中，愚者會發現，這是給予英雄的「終極恩賜」，蛻去身上的偽裝與保護，終於成為真誠的「自己」。

獲得寶藏階段的提醒

英雄在完成主要任務後，在獲得寶藏階段得到報償，但什麼樣的報償才是給予英雄的恩賜呢?真正的恩賜會讓英雄自由，而不是成為欲望的奴隸，失去自我。財富、名利、安定等等，都會是誘惑英雄的寶藏，英雄需要審慎許願，滿足了個人欲望有可能會迷失了方向。

英雄的歸返意願，可能被魔鬼憎恨，完成任務準備歸返的英雄，在此階段，就會與魔鬼進行追逐戰，魔鬼所設的障礙與魔術、甜蜜的誘惑，都有可能阻止歸返的去路，英雄需要外來的助力或強大意志，才能脫逃。

獲得寶藏階段的考驗

惡魔與高塔階段，英雄的自我面對威脅與考驗。在惡魔階段，英雄需要脫離讓人安心與滿足的關係，並不再依賴他人，英雄的自我才能獨立成熟；在高塔階段，英雄的自我會處在危急之中，但用高塔守護自我並不是最佳行動，唯有讓自我變得堅強，拋掉想要獲得他人認同的期待，認清自我價值，才能防護外在的任何攻擊。

XV. 惡魔

圖像敘事

惡魔圖像以全黑的背景、三角形構圖，展現了惡魔與兩個人物之間的主奴關係。惡魔站在圖像中央的石柱上，他的手勢猶如魔術師，一手指天、一手指地，但因為黑暗的背景，惡魔的指涉變成向著什麼都沒有的虛空。惡魔以人面獸形，展現出怪異、駭人形象，他身上有著倒立的五角星、倒立的火把，以及手指做出與教皇的祝福手勢相反姿勢。這些倒立的意象，象徵了惡魔站在與神相對的立場，想要掌控人的意志與自由。中間柱上的扣環，拉起了兩條鐵鍊，分別鎖住了赤身裸體的兩個人物，但鐵鍊鬆弛地掛在人物的脖子上，他們的手腳也是自由的，這強調了人物可以自由移動。但他們如惡魔，頭上長出兩個角，背後長出尾巴，象徵人物已被惡魔同化，已成為惡魔的伙伴。他們用歡迎的手勢，邀請他人加入與惡魔同行的行列。

象徵解釋

在黑暗中的惡魔：虛空的無底洞

惡魔在大祕牌中，是唯一以全黑的背景呈現的圖像，這象徵了惡魔所在的世界黑不見底，而且除了惡魔與人物之外，沒有其他的存在。惡魔圖像裡的黑暗猶如無底洞，不知黑暗背後是否有隱藏的祕密，但也有可能什麼都沒有。在塔羅牌裡，表達黑夜的兩張牌——星星與月亮，反而以藍色來繪製背景，沒有用全黑來表達。所以惡魔圖像裡的黑並不是指黑夜，而是象徵了什麼都沒有的虛空，但對好奇與無知者，卻可以偽裝成深藏不露的樣貌。這與惡魔所象徵的欲望意象很吻合，追求欲望就像在填滿黑暗或無底洞，任何努力都會成為一場空。

惡魔指天指地的手勢與魔術師類似，也展現了無所不能的意象。但魔術師被玫瑰與百合的花園圍繞，他的手勢都侷限在花園內，象徵了魔術師認知到人的有限。但惡魔卻在黑暗中不受限制，象徵了惡魔的自大與傲慢，這種傲慢會把下方的人視為被他所用的物品，隨意掌控與奴役。到達惡魔階段的愚者，會認為自己無所不能，過於自信而變得自大，並認為完成任務後獲得寶藏是應得的。在向神明或敵人索求各種寶物來滿足個人欲望時，原來在節制階段給予祝福的天使，也瞬間會轉變成惡魔，使自己陷入主奴關係的鐵鍊束縛。

魔術師頭上的無限大符號，也可能讓魔術師成為自大的人，但在魔術師圖像中，無限大符號會被解釋為無所不能的創造力，而不是自大。無所不能的創造力，不會以自我之見要求寶藏，而是把自己所得的任何物件，都轉變成寶藏。但惡魔的自大，卻是從自我的需求出發，他只會向他人索取，無法創造寶藏，並把他人的給予視為理所當然。惡魔指上天的手勢並沒有伸直，更接近自己的身體，象徵了他屈服於自己的欲望，而他所指涉的黑暗，象徵了虛空，代表惡魔向他人索求，或要掌控他人，是因為他沒有像魔術師一樣的創造能力。

來到惡魔階段的愚者，在他面前堆放了各種寶藏，面臨著要擁有什麼的煩惱。這些寶藏讓他眼花瞭亂，每一種選擇都有可能改變他的未來。他開始陷入惡魔的陷阱。就像希臘的麥得斯王，向酒神祈求點石成金的能力，一開始以為獲得了世界上最大的財富，最後卻連自己心愛的女兒都變成黃金，擁有了財富，卻失去了人生。個人的欲望，有可能把節制階段的天使祝福，轉變為惡魔的誘惑，並把愚者用鐵鍊緊緊的困在惡魔的黑暗世界，讓愚者忘記了他的英雄旅程尚未完成。但所有的英雄，都曾陷入到誘惑之中，才會領悟到，滿足個人欲望並不是他想追求的道路，最後就能跨越惡魔的考驗，脫離甜蜜的陷阱，持續踏上英雄旅程。

鐵鍊：付出與期待形成的依賴與傷害

圖像中的人物自願套上鐵鍊，加入了惡魔行列。喜歡、在乎一個人時，無時無刻想著對方，犧牲自己的時間，配合對方的需求，這些作為都是自願的，因為這麼做我們會開心。但喜歡一個人時，我們也會不自覺得對關係有所期待。買禮物送對方時，期待對方會珍惜它；用心為對方煮的晚餐，期待對方的稱讚與感恩。但不是每次的付出，對方的回應都能滿足我們的期待，這時就會失望、受傷、痛苦，也會生氣。自願要做的事本來是開心的，但一旦對結果期待，就會帶來痛苦。在關係中，想要為對方付出，是我們的選擇，但對方要如何回應我們的付出是對方的自由，我們無法全然掌控。就像我們無法輕鬆地對喜歡的人告白，不是告白困難，而是我們對告白懷有的期待，讓告白變得讓人害怕。

惡魔的鐵鍊是把「付出與期待」約束在一起的狀態，為了獲得自己期待的結果，就會不斷努力去回應對方的需求，在過程中失去自己，因而不再能知道自己想要什麼。或者，他要求對方都要符合自己的期待，如果不符合，就要求對方改變，這時，關係就成為壓迫、掌控人的黑暗力量，以愛之名成為了惡魔的伙伴。就算是從愛出發的關懷，只要把付出與期待綁在一起，就會成為束縛自己與他人的鐵鍊。例如父母會以「為你好」的理由，要求子女的課業成績、未來抉擇等，或者很多子女在照顧年老的父母時，常因為父母無法做到子女的生活要求而生氣，把照顧變成指責與傷害。

付出後的期待，會把關係變成依賴，依賴又形成傷害。但我們無法脫離關係，要如何才能在乎一個人，卻不讓關係成為依賴，又成為傷害？在小王子與狐狸的故事中，狐狸想被小王子馴服，他們建立了關係。最後要分離時，小王子很傷心，狐狸也傷心，小王子就怪罪狐狸，因為馴服反而傷害了狐狸。但狐狸說，他雖傷心，卻沒有被傷害。小王子問他為什麼？狐狸回答，因為馴服，原本在生活中沒有價值的金色麥田，讓他想到小王子的金髮。麥田對狐狸有了意義，他會看著麥田回憶小王子。狐狸期待小王子馴服他，所以付出時間與他建立關係，但建立關係後，並沒有期待小王子一直待在自己身邊，所以小王子與狐狸雖身在馴服的關係中，雖然情感上有了牽絆與關懷，卻沒有用個人的渴望來要求對方配合，就不會成為傷害他人的依賴。

不只是關係，我們對待工作也是如此。當我們付出努力，並期待工作可以回應自己想要的成就與金錢報償，就會在期待中失望。但我們也可以在工作中懷抱學習與獲得成就的期待，並為這期待付出，但不去執著付出之後的報償，如此就能樂在工作，工作不再只是為五斗米折腰。愚者想要成長為英雄、想要獲得寶藏、想要經歷冒險、想要有冒險伙伴等等，這些是出發英雄旅程之前的期待，當他踏上旅程、經歷了考驗，終於來到了獲得寶藏階段，這時，如果預設了想要的寶藏，期待如願以償，就會失望。但如果愚者對寶藏是什麼不去設想或預設，任何在此階段所獲得的事物，都會以寶藏的意義帶給愚者驚喜。

惡魔牌的英雄旅程解牌

目前正在經歷的歷程

正位

求問目前所經歷的事情抽到惡魔牌，可解釋為你的旅程已進入到獲得寶藏的階段，在此階段，可以大膽的追求你渴望的目標，但你的選擇也會帶來無法避開的壓力與責任。在此階段，你會應對各種棘手的人際關係，並想要盡快脫離或逃避。但不要太快放棄，在這階段需承擔的壓力、責任與他人對你的要求，都會成為讓釐清自我的重要歷程，在這過程中漸漸認清自己真正想要的是什麼，不會迷失或執著於外在的期待或誘惑。讓你生氣、不愉快、害怕、抗拒的人事物，如果能學習好好應對，不逃避，就有可能讓你在未來路上，不再為同樣的事陷入情緒輪迴。

逆位

求問現階段經歷的事情抽到逆位惡魔牌，可解釋為你獲得了他人邀請，去承擔更高的職務，或跳槽、告白、求婚等等，但因為害怕壓力與承諾後要負起的責任，拒絕了這件事，抗拒進入獲得寶藏的階段。接受他人的邀請，承擔他人的期待，也是學習成長為成熟人格的過程，雖然接下來的任務恐怕讓你失去自由，令你不禁想逃避擔在自己肩上的重量，但這是自己成為自己的主人的必經過程，如果不想要負責任，你無法為自己下決定，就只能跟隨他人的行動。

過去曾經歷的某段歷程

正位

如果求問過去某段歷程抽到惡魔牌，可解釋為在那段經驗，你為了得到想要的成就做出非常多的努力，也很務實地讓目標一一實現。你在夢想成真的過程獲得了成就感，但也害怕失去得來不易的結果，而更努力穩住自己的狀態，日子過的戰戰競競。在惡魔階段的經驗，一開始以為的寶藏，之後有可能成為約束你的要求，你獲得了寶藏，卻也感受到漸漸失去自己。有了惡魔階段的經歷，你不再盲目追求他人認為重要的價值，慢慢理解什麼才是你最想要的生活，也能適當地拒絕他人，讓自己更為獨立。

逆位

如果求問過去某段經驗抽到逆位惡魔牌，可解釋為在那段經驗，你拒絕了歷程中獲得寶藏的階段考驗。在過去，可能要求你做出重要的承諾、為他人進行妥協，或要放棄自己原有的生活。在這些要求與抉擇前，你選擇不做改變，排除不必要的麻煩。但那些要求可能是英雄應得的寶藏，當你放掉時，並不是避開了麻煩，而是拒絕了自己成長與學習的機會。在惡魔階段，你會經歷被約束與不自由的狀態，並需要承擔壓力與責任，過去你可能逃避這些處境，但你也發現逃避無法讓問題消失。雖然過去沒有完成惡魔考驗，但仍可可以經由現階段的行動，讓英雄旅程持續進行。

XVI. 高塔

圖像敘事

在漆黑的背景，矗立著高聳的尖塔，塔頂上的皇冠，正被雷擊落，塔頂與三個窗口都竄出火花，高塔周邊也有掉落的火光。在火光下有兩人正往下方墮落，他們倒立的身體，雙手無助地向外張開，表情充滿了害怕與驚慌。在圖像中，看不到地面，代表高塔建蓋在高處，而正在掉落的人物不知自己會掉在何處。人物是一男一女，女人雖倒立向下，但頭上還有戴有皇冠，以倒吊人的姿態，看著天空往下墮落；男人則以正面向下的姿態，看著下方的地面。他們處在危難中，但接下來會如何，只能在到達地面時才能揭曉。高塔中的人物雖在驚嚇中，卻也無能為力，只能打開雙手，看向下方，盡量躲避危險之處，但能夠避開的範圍有限，也無法向他人求助，只求盡量安全度過危機。

外來的救援、內在的驅力，或是引導神溫柔的牽引，都會指向英雄旅程的最後關頭，就是英雄從神祕領域歸返日常世界的極大困難。

象徵解釋

雷與皇冠：被擊落的最高權威

雷一直都是人所害怕的自然現象，它帶著可怕的聲音、強光並帶來災害，在很多文化，雷神都擁有帶來毀滅的強大力量，但也可以用雷電驅趕敵人。雖然在打雷前，我們會看到閃光，但雷會擊落到何處，無法預測，所以也被理解為老天給人的懲罰，尤其它聲音響亮，也帶來驚嚇的效果。圖像中的高塔被雷擊中，而且首當其衝的是黃金皇冠，金屬與高處，都是易引導雷的元素，所以高塔牌裡的雷擊，或許是不可避免的結果，代表並不全然是自然災難，而是人的行為帶來的後果。

如果不在高處建蓋高塔，或者不在高塔上放置黃金皇冠，都可以減少雷擊的機會。但人還是無視這些危險，建蓋了高塔與皇冠。為何要放上皇冠呢？皇冠象徵了國家的最高統治權，這座高塔，不只用高聳的塔強調它高人一等的重要性，還象徵了最高權威。這些權威與統治代表人對自己進行的自我管理，所以是個人認為最重要、一定要奉行的價值與信念。當這些信念被雷擊中，形同一個人珍視如命的準則受到否定，就會像圖像中向下掉落的人物，一時之間不知所措，失去人生方向。

注意看左邊的人物，頭上也戴著皇冠。她的皇冠沒有掉落，還在頭上，代表人物在墮落時，還停留在自己原有的狀態，對突如其來的變動，來不及對應與防範，就直接從原來的地方被拋出來。有時候會發生突如其來的事件，例如突然收到被裁員的通牒，情人突然提出分手，醫生告知自己痛情嚴重，或是地震等天然災害得傷害。意外到來之前，我們的生活如常運作，一切都理所當然，但意外一旦發生，不管我們在哪裡，正在做什麼事，理所當然的延續性突然斷裂，習於日常的意識活動也就突然失能，一片空白。

意外發生時，我們會想知道「為什麼」，但不管如何追究原因，或找到罪魁禍首，原有生活的缺口將無法被全然彌補。所以有些人的生活故事，停止在意外發生的那個時間點，在沒有答案的「為什麼」中繞不出來。但有些人不再停留在「為什麼」的追究，一開始專注在未來，讓自己的生活能夠持續下去。高塔圖像裡的人物，一人看向下方，一人看向上方，看著下方的人，是在意外中先思考未來的人，問自己：接下來會掉到哪裡？可以如何對應？看向上方的人，看到的是過去，她頭上還戴著頭冠，象徵著執著既有的身分，問自己：為什麼會發生這件事？怎麼會如此？

人為的過錯，可以透過追問為什麼來降低再次發生的可能，但卻無法全然防範。防範意外，追究原因很重要，但也要能合理接受意外無可避免是個現實。尤其是生離死別，我們都知道隨時都有可能要面對，但當生離死別到來時，還是會感到錯愕與無助。愚者在塔羅的英雄旅程，來到高塔階段，原來在惡魔中陷入自我滿足的愚者，突然被外來的助力拋出高塔，切斷了惡魔鐵鍊。但愚者會看向上方，一直尋找失去鐵鍊的原因，還是看向下方，發現自己還未完成旅程？雖只是一念之間，卻決定了愚者是否能夠完成英雄旅程的決心與態度。

高塔：阻礙前進的信念

毀壞的高塔意象，最廣為人知的是舊約聖經裡巴別塔的故事。在人類使用共同語言的時代，人群聚集起來，想要建蓋塔頂通天的高塔，傳揚美名。很快地，高聳的尖塔一層一層的往上升，人群的士氣高漲，但神一聲令下，塔倒了，掉落在地上的人群，想再次建造高塔時，發現他們所使用的語言不一樣了，無法像之前一樣合作。巴別塔的意象，在西方文學、電影、戲劇中常被引用，作為象徵現代社會人跟人的溝通阻礙，以及語言所建造的像高塔的阻隔牆，語言成為雙面劍，一方面幫助我們交流，另一面方過於依賴語言，卻被語言傷害。

當人想要傳揚自己的美名時，為何是建蓋高塔呢？建蓋建築物，就會創造出空間，這個空間可以為人所用，創造出異於大自然的各種形態，所以空間運用也成為人誇示創造力的重要領域。在古代文明，就出現過很多當時的人類很難建蓋的大型建築物。如果一個地區出現了偉大的建築體，將威脅到敵人，讓他們不敢侵略。人對大型建築體的獨愛，到了現代社會成為對高樓的競爭，象徵國威。高聳入雲的高塔與大樓，到達人無法到達的高度，成為人想要征服世界、傲視人群的神聖之地。

人不只在都市建蓋高塔，每個人心中也都有一座高塔，這座高塔就是每個人建構的信念，推動著我們的社會關係與生活。隨著社會歷練，人會改變，但信念不太會變動，信念的高塔建蓋之後，就會一直在那裡，成為一個人的未來與命運。如果能覺知自己的高塔，改變不是不可能，但內在高塔很難被自己知覺，進而主動打掉。一個人信念得改變，通常需要借助外力，例如每天超時工作的人，堅信勤奮工作是人生價值，如果沒有出現健康問題，很難發現他的信念如何危害著自己的生活。人不可能沒有信念，但固著而不被認知的信念同時也會造成偏見與偏差行為。雷擊的意外雖會造成傷害與痛苦，但在塔羅英雄旅程，強調愚者如何打破阻礙他前進的信念，所以才需要像雷擊的震憾教育。

塔羅裡的愚者來到高塔階段，他會發現惡魔階段拿到的寶藏成為了禁錮他的災難，猶如希臘神話麥得斯王點石成金能力，珍愛的家人也變成黃金雕像。但也因為點石成金的災難，麥得斯王才能領悟他想要珍惜的是什麼。如果麥得斯王跑去找酒神，請酒神收回點石成金的能力，並救回變成黃金的家人，酒神有可能要求國王放棄一切，變成一無所有。這就會成為麥得斯王的高塔考驗——在沒有退路的情形下，人才能拋下自己的所有，難道一無所有就代表什麼都沒有嗎？在英雄旅程，凡人世界的一無所有，會成為英雄的擁有一切，也就是能夠獲得英雄最真實的自我本質。

高塔牌的英雄旅程解牌

目前正在經歷的歷程

正位

求問目前經歷的事情抽到高塔牌，可解釋為你的旅程已進入獲得寶藏階段。高塔階段的寶藏，並不是讓你獲得或擁有什麼，而是幫助你拋下不必要的限制與保護。在這階段，你會在短時間內經歷各式各樣的衝擊，都是意料之外，且在你還未理解事情的原由之前，就有可能被迫做出行動與抉擇。剛開始你會生氣、受傷，也會感到無助，期待這只是一時的偶發事件，生活很快可以回到原點。但在高塔階段，無法修復的改變已經發生，盡快接受改變的事實，才能幫助你化解情緒，找到改變帶來的新契機，與生活上的自由。一系列的衝擊，雖震盪了生活，卻成為警鐘與良藥，適時調整了對自己有害的關係或生活方式。

逆位

求問目前正經歷的事情中抽到逆位高塔牌，可解釋為你害怕正在發生的改變，並抗拒改變帶來的影響。現在你遇到的事就像災難一樣，突如其來，讓你措手不及。你害怕自己無法承擔，所以用視而不見或不承認的方式，拒絕進入獲得寶藏階段。英雄旅程的寶藏，在凡人眼裡是災難，但經歷考驗的英雄，會發現那是英雄的自我從過度被保護與依賴中獲得自由的必經過程。在惡魔階段，你有可依賴、保護你的人，但現在你需要脫離這些約束，成為更為獨立的人。你或許感受到無助或脆弱，無法因應外在發生的各種變化，但相信自己不再是無助的小孩，會發現接受改變並不是災難，而是在清理阻礙成長的高塔。

過去曾經歷的某段歷程

正位

如果求問過去某次的經驗抽到高塔牌，可解釋為在那段歷程中，你經歷了突如其來的生活變動，一開始雖害怕憂心，但卻也領悟了塞翁失馬焉知禍福的道理。高塔的改變總帶來驚慌與無助，且讓你感到失去了重要的某物或某人，變得一無所有，但在震盪過後，卻也發現了一無所有之後的自由，你的人生有了重新規劃與發展的機會。從高塔掉落是禍？還是福？取決於掉落的人是停留在過去，只看到失去的遺憾，還是看向未來，發現不受約束的未來。正位的高塔牌讓你學習到，在任何無可奈何的處境之後，只要放下不想改變的抗拒，未來都會有更大的門為你打開。

逆位

如果求問過去某段歷程抽到逆位高塔牌，可解釋為你在那段歷程，經驗了一次變動，並把變動理解為災難而抗拒了它，沒有發現獲得寶藏的意義，去經驗這個變動帶給你的改變。在變動中，你努力不讓改變對你造成影響，讓生活維持在自己期待的穩定與平安的狀態，但心中留有不安與恐懼，害怕變動隨時又有可能發生。如果對改變持有災難的想法，你就會逃避、阻止任何改變，這時，生活表面上如常，沒有改變，但你的內心，只會有著越來越大的不安。真正安定、安心的生活，並不是在像惡魔階段那樣，有人可以依賴或受人保護，而是發現自己可以應對變動中的未知與不安，此時，你才能安心的生活。

10. 第十站：踏上回歸道路

歸返英雄的第一個問題是，達到靈性滿足的心象體驗後，還要把無常的苦樂、生命的陳腐以及喧鬧的淫蕩行為視為真實。

——坎伯／千面英雄，232頁

XVII星星、XVIII月亮

英雄終於完成任務，要踏上回歸的道路，開始返回原來的世界。坎伯認為已經棄世的英雄，常常拒絕歸返的任務，常需要外在的助力。他說的棄世，是指英雄離開的平凡生活，當英雄歷經了各種考驗後，坎伯疑惑，人還能適應無所事事的日常嗎？英雄旅程可能會到達仙境、樂園，英雄會想要離開嗎？而且在仙境，英雄被視為是英雄，但回到原來世界，英雄就成為兒子、女兒、先生、太太、員工等等，又回到平凡的自己，誰不想要一直以英雄之姿風光的生活呢？佛陀在普提樹下覺悟之前，魔給佛的最後考驗，也是讓佛留在覺悟的境界，不需回到俗世。魔對佛說：你想要把解脫之道告訴世人，但不會有人想要聽，或甚至會認為你是瘋子，即然你已覺悟，已解脫，何必要回到沒人認同你的世界受苦呢？魔說服佛放棄想要弘法的心願。

坎伯說的棄世，是一種「離開」的形式。通常我們會有兩種狀態的離開，會回到原來地方的離開叫旅行，不再回來的離開叫移居。旅行時，我們不需要適應當地生活，反而希望盡量體驗不一樣的風情，投入到不同於原有生活的經驗場域，所有的感官會打開，並且用新的經驗拓展對世界的認識。但移居，比起「體驗」，更需要「適應」新環境。適應也需要對新的環境開放，但那是在覆蓋原有的生活經驗，讓過去的感受降低，才能在適應時不會有太大的衝突或不適。所以在適應過程，人會傾向尋找新環境中與過去類同的感受，會無意識地對令人感到不適應的地方視而不見。過程中，自我會盡量控管未知的變數。相對來說，「體驗」是對變數的開放，人會期待未知的、新鮮的感受，不去控管變數。畢竟變數才是英雄旅程的關鍵，因為這些變數，造就了英雄。

人的常態生活是日常，有著固定模式與規則，向著未來規劃與實踐。英雄旅程的離開，並不是放棄日常，而是讓自我從日常出走，並改變被日常固著的自己。但如果是移居，英雄只是把日常移植到另一個地方，雖然透過環境獲得了另一種生活方式，卻未必會帶來對自己的改變。所以有些人雖移居到別的國家，卻會更固著地維持原來的狀態。英雄旅程的最終目的，是讓英雄的自我經歷成長與改變，所以返回是英雄旅程的必要階段。留戀在仙境，或想在仙境恆久擁有英雄之名的渴望，會令人陷入到惡魔與高塔的誘惑；拋下仙境，離開冒險之地，才能進入到歸返階段。在塔羅裡，歸返的考驗，以黑夜的星星與月亮來代言，象徵了英雄的回歸之路，猶如在未知與黑暗中摸索，需要有堅定的回歸意志，放下對仙境的留戀，才能跨越這道長夜與黑暗。

星星牌與月亮牌的背景類似，前景有水池，水池之後有綠地，再過去是高山，猶如英雄的三段旅程：最低處的水池是啟程，之後走向啟蒙的綠地，最後的高山象徵了英雄的超越與昇華。整個旅程有著一階一階往上升的意象。星星與月亮都出現了側臉向下的人物形象，卻散發著非常不同的氛圍。在星星圖像展現了流水與小鳥的聲音，星空中又有明亮的星星點綴，整個圖像散發著平靜、安祥的氣息。在月亮圖像，則是動物吠見的聲音與閉眼的月亮，散發出不安與害怕的氛圍。在兩張牌，星星與月亮高掛，雖然是黑夜，卻照亮了夜晚，以藍色帶出了冷靜、沉澱的整體氣息，但又各自呈現了寧靜與不安兩種夜晚的景象。

星星牌的寧靜與月亮牌的不安，分別象徵了人對兩種時間狀態的內在感受：當下與未來。星星牌裡的人物，向下低頭看著水池，只專注在水流注入到水池的當下，這些水，沒有過去、沒有未來，只有當下這一刻的流動。月亮牌裡的人物與月亮結合，雖也低著頭，但閉起眼睛，遮閉了視野。下面的道路向著遠方延伸，但就像閉起眼睛的月亮，那是在此刻看不到的未來，是未知與黑暗。這兩張圖分別象徵著從高塔墮落的愚者，最後到達星星的寧靜之地，在那裡我們成為裸身的女人，不再被社會要求束縛，回到最真誠的內在狀態，這時生命只存在於當下。但生命時間永遠向著未來開放，所以愚者還是要踏上未知的道路。這條路，看起來是險路，路被動物阻擋，中間還有關卡在審查，每走一步都在考驗著回歸的意志力。

踏上回歸道路階段的提醒

踏上回歸道路的英雄，不再需要面對外在世界的魔怪，但需要照看自己的內在，才能找到回家的道路。指引回歸道路的星星，不在外，而在內，英雄需要在黑暗中跟自己獨處，真誠面對自己，並安撫、釋放過去歷練中經驗過的各種情緒，或者曾留下的傷害也需要被療癒，才能靜靜地等待星星在黑夜中發出亮光。有了這道光，英雄就能堅定地踏上月光下的道路，不管黑夜有多漫長，終能果敢地踏上伸向黑暗的回歸之路。

踏上回歸道路階段的考驗

在踏上回歸道路的階段，英雄要成為最為謙卑的存在，放下身為英雄的姿態，以卑微之姿（裸身、跪地），感受自己與萬物的連結，拋掉從他人身上獲得讚美或肯定的渴通過鍛鍊，英雄內在不成熟的情緒和忿恨都得以洗淨，他的心向著奧祕的世界敞開，他原有的任性與不成熟都已然離去，走進自我內在的本來面目。

望，回歸到自己，從自身找到獨屬於個人的意義與價值。在回歸階段，英雄是否能夠隨遇而安、隨心而行，並真誠的對待自己，成為英雄要面對的考驗。

XVII. 星星

圖像敘事

星星牌以人物的黃色頭髮與黃色星星，把兩者的意象連結起來，分別象徵了向著低處與高掛在天空的上下的空間意象。女人裸身、單膝跪在草地上，另一腳踏在最低處的水池，雙手倒出來的水，一邊流在地上、一邊在水池裡，但最後都匯聚在水池中，女人則以平靜的表情看著往低處的水流，並沒有看向星星。女人的後方有一處高地，高地上有樹和小鳥，小鳥與兩個水壺色彩一致，小鳥可自由飛翔，水壺裡的水自在流動，這兩者與裸身的女人，都象徵了自由自在、不受限制的狀態。天空中有八顆八芒星在閃爍，圖像展現的並不是漆黑的夜晚，小鳥已醒來，遠處的高山也很清楚，這是黎明將至、有曙光的夜色，星星在天空中定位了方向，新的一天即將開始，在短暫的曙光中，散發著寧靜、自由、安定的氣氛。

象徵解釋

裸身與水流：與萬物連結的本然自我

自古以來，星星為旅人指引回家的路，也會預言吉凶。它成為對未來的引導與希望，帶給人美好的期待。但什麼是「希望」？希望是對未來的期許，是懷有明天會更好的信任與期待，所以在低潮與絕望時，我們常被鼓勵要保有希望，不能放棄。當一個人在挫折中因為看不到未來而心情低落時，聽到旁人要保有希望的建言，未必能受到鼓勵，反而會生氣。畢竟，沒有人不想擁有希望，陷入在低潮而沒能看向未來的人並不是放棄了希望，而是找不到希望，覺得自己是被希望離棄了。

人在絕望時，要如何才能找到希望呢？或者說，要如何才不會被希望遺棄呢？希臘神話裡的潘朵拉盒子，講出了有關希望的重要洞見。在故事裡，宙斯送了一個盒子給潘朵拉，並告誡她，絕對不能打開盒子。但好奇心驅使下，潘朵拉沒有遵守告誡，她打開盒子時，結果放出了人世間的所有邪惡——貪婪、虛偽、誹謗、嫉妒、痛苦、疾病、禍害等等。慌亂中，潘朵拉趕緊蓋住盒子，結果盒內只剩希望沒飛出去，永遠鎖在盒內。放到人世間的邪惡，讓人受苦，但只要找到盒子，希望永遠都在那裡，所以神話丟出了非常關鍵的問題，人要去哪裡找潘朵拉的盒子呢？

如果星星是潘朵拉的盒子，圖像裡的女人為何沒有看向星星呢？她卻低著頭，向水池倒水，似乎在暗示，跟著她的水流，才能讓潘朵拉盒子裡的星星，閃現在高空中。那些水從女人手中流出來，猶如從女人內在釋放出的情感流動。成人無法像小孩一樣隨時發洩情緒或表達情感，我們會轉移注意力來緩和心情，但是心情平靜了，並不代表情感被緩解，有可能只是被壓抑，暫時沒有觸發而已。這些情感在心中累積，成為黑暗的水池，水面一直往上升，漸漸地會淹沒到意識。這些滿溢的水無法隨著時間自然消退，需要從內部往外釋放，就像圖中的女人，能夠倒出情感的水流，才能觸到內在深處的盒底。希望一直都在那裡，從來沒離開過我們。

裸身的女人，象徵了最真誠的自我狀態，她以跪姿踏在最低處的水池，也象徵了自我的最低姿態：謙卑。謙卑並不是否定自己，而是洞察自己與萬物不可分割的連結。

在謙卑中，人會認知到個人的微小行動如何影響到他人，以及萬物的狀態如何影響著個人生命，猶如圖像裡的流水，連接了女人、水池與綠地。謙卑是從孤立與絕望中出走，讓人不再是被隔離的個別體。愚者從高塔墮落到星星，脫離了保護自己的高塔，才能以裸身、無遮掩、無偽裝的狀態面對自己。他走出高塔，見到了星空，原來打擊愚者的雷光，轉變成希望之光高掛在天空，指引著歸返的道路。愚者在星星階段會領悟，自我在成長中需要的並不是保護，而是要蛻去保護自己的外在偽裝，才能成為勇於面對自己的英雄。

黃色的八芒星：對希望的相信

在西方文化中最著名的星星，可能是伯利恆之星，象徵了救世主耶穌的誕生。當時的人相信救世主的到來可以拯救世人，所以伯利恆之星，也象徵了人類在等待的未來與希望。自古以來，宗教成為人在絕望時的希望，需透過「信」才能獲得。理性時代，我們把信與合理性放置在一起，但合理本身是一種事實，就算不相信也會發生。然而在信仰世界，信是沒有理由的相信，而且要信，一切才會變得合理。星星牌所要展現的希望，也與「信」有關，希望並不是合理判斷的結果，而是在不合理的情境下，還是相信有希望，並持續下去。

絕望中的「信」，也可以是對理性的欺騙，但這種信，卻會讓不可能的事變得可能。最容易見識到「信」的奇蹟就出現在各種運動比賽，當教練判斷選手不可能贏得比賽時，只要選手相信自己可以，就有可能反轉結果。演化生物學者就認為，動物跟人類為了生存，都演化出了欺騙他人的能力，但只有人會欺騙自己。為何欺騙自己會成為一項人所演化出的重要能力呢？人有太多潛能被隱藏與待發覺，欺騙自己，從另一個觀點來看，是對「可能性」的相信。當我們的處境條件從理性推演或許已沒有希望時，我們還是可以相信自己能帶來改變，這就是凡人可以轉化為英雄的超越與昇華。所謂希望，是人永遠要相信那還未知的可能性，在圖像中，則以繪製在人之外的星星來象徵。在高空中的星星，是人尚未能到達的可能性，因為「信」，我們可以在內心深處找到希望。

八芒星也形似羅盤上會出現的玫瑰風圖，以八個尖角，指向東西南北，以及東北、東南、西北、西南等八個方位，應用於航海，讓船隻在沒有任何定位的大海不會迷失。在羅盤出現以前，人們就用星星指引方向，夜晚雖然是黑暗的，但也是星星可以閃亮的時候，在黑夜定位方向，白天才能前行。在黃色八芒星下的小鳥，在樹頂揮舞著翅膀，正準備起飛，象徵著要返回原有世界的英雄，在星星的指引下回家。小鳥與水壺都用紅色來象徵了強烈的情感，但水壺的水向下，是釋放的內在情感，小鳥在樹上，象徵著向著遠處飛翔自己的渴望。

星星牌的英雄旅程解牌

目前正在經歷的歷程

正位

求問目前的經歷的歷程抽到星星牌，可解釋為你的旅程已到了準備踏上回歸道路的階段。雖然在高塔階段，經歷了震盪，但你已克服高塔帶來的害怕與不安，反而找回了更多的自由與輕鬆。在星星階段，你正享受過去不曾有過的平靜與安祥，比過往更清楚自己想望的未來，並對未來充滿了新的期待。但是，先不要急著改變什麼，可以讓自己停留在原處，多與自己獨處，花時間清理一下內在情緒。在星星階段，如果有讓你遺憾的關係或事情，請找時間與方法進行和解，這是一段幫助我們找到內在平靜與安寧的生命階段。

逆位

求問目前正經歷的事情抽到逆位星星牌，可以理解為你在抗拒歸返，拒絕回到你的內在深處，去面對自己，為自己找回平靜，反而一直停留在高塔的墮落與震盪狀態，無法回到日常。在高塔階段，你可能經歷了挫折與傷害，並認為自己不可能再回到過去，只能帶著痛苦度日。在高塔狀態的你，生活就像戰場，每天在不安與害怕中擔憂，認為意外隨時會發生在身上，而自己只能是無助的受害者。星星階段的歷練，會讓你更真實地看到自己，放下他人對你的期待。只有不再向外尋求他人認同時，才能變得堅強與獨立。真誠地回到自己，這是星星階段的考驗。逆位星星提醒你，請留多一些時間給自己，透過獨處與自我對話，才能好好清理內在積累的負面情緒，也才能走向「做自己」的道路。

過去曾經歷的某段歷程

正位

如果求問過去的某段經歷抽到星星牌，可理解為在那段歷程中，你雖經歷過像高塔一樣的震盪，以為自己失去保護，不再被他人接受，但在震盪後你卻發現，失去保護後，你只是蛻掉了不需要的偽裝，在面對他人時，反而更能堅定表達自己的想法與感受。在那次經驗後，你也發現天無絕人之路，對未知的未來或意外，不再那麼害怕，也相信自己不管遇到什麼樣的困境，都還是能找到解決之道。在高塔的經歷中，你可能失去了生命中重要的東西，但走過了高塔，進入到星星階段後，領悟到所有的失去，也代表為新事物留出空間。有了星星階段的學習，未來路上不管有什麼樣的大風大雨，都能保有希望，向著未來前進。

逆位

如果求問過去的某段經驗抽到逆位星星牌，可以理解為你還在那段歷程中，尚未踏上回歸的道路，尚未從高塔階段發生的意外與震盪中未全然回復，只是暫時封閉了那段回憶。或許對你來說，高塔的經歷太過沉重，在心中形成很深的傷口，所以只能封閉自己。但是，傷口需要像星星圖像裡的水池，有水的注入，才能被治癒。逆位星星提醒你，你已擁有像星星一樣的自癒的能力，但因為不相信自己，才會抗拒進入星星階段，在你的心裡留著遺憾。或許現在是再一次踏入旅程的最佳時刻，雖然過去的傷痛依然在，但你已成長，可以由現在的你，療癒與安撫過去的自己。

心靈深處的智慧與日常世界的意識之間必然存著鴻溝，英雄最困難的任務，是如何把在黑暗處所帶來的歷練轉換為光明的語言，這是肯定生命的門檻。

XVIII. 月亮

圖像敘事

月亮圖像的背景與星星類同，但沒有人物，只有動物出現在地面。月亮裡閉眼的人臉，象徵了退隱的人類理性，與下面的動物形成對比。圖像的正中央有蜿蜒的道路，這條路成為分界線，把圖像分為左右兩邊。道路兩旁有狼、狗跟兩座塔，要走過道路，需要跨過這些關卡。道路從前景的水池展開，但路口被河蝦擋住。河蝦與動物是非理性的存在，象徵了動物本能，如果要走上道路，就必需先跨過河蝦以及兩邊的動物，它們成為踏上道路的障礙。但跨過了動物，後方還有兩座警衛塔在守護，這兩座塔猶如邊界的關卡，在審核路過的人是否擁有通過關卡的資格。月亮圖像中的道路，如要走過，障礙重重，高空上的月光幫忙照耀道路，但踏上旅途的人，需要自己跨越所有難關。

象徵解釋

人形月亮與動物：意識與無意識的分界

在月亮圖像，動物象徵非理性的本能，有著人臉的月亮則象徵了人的理性。但在月亮牌，理性高掛在天上，並且閉起眼睛，對地面發生的事只是遠望，無從干預。但是，理性之光一直在那邊照耀，沒有讓世界被黑暗吞沒。人形與動物，是理性與非理性的對立，也是意識與無意識兩個空間的展現，白天時光，我們有效率地應對與解決各種問題，由理性主導生活，但到了夜晚，理性會閉起眼睛，內在空間成為無意識的舞台，以夢的形式演出。白天意識與黑夜的夢，雖都是人的內在世界，但這兩者常常避不相見，但在月亮牌，人要帶著意識，深入到黑夜，讓兩者在邊界相遇碰撞。

英雄的回歸之路，為何要以夜晚與動物來表現呢？這是愚者的無意識之旅，但有著意識陪伴。這不只是在探索夢的世界，而是意識與無意識的整合過程。進入到無意識，動物本能與情緒成為需要跨越的第一道關卡。本能也是一種防禦機制，幫助人躲過可能的危險，但成年人的本能有可能是被制約的結果，所以很多本能並不是為了生存的防禦行動，而是對某些制約現象的無意識反應。例如害怕的情緒，有可能是被過去的經驗制約，在被制約的情境下，情緒會掌控判斷。生活中，每個人都會有對某些事物有著不知原因的不喜歡、害怕或厭惡，為了不碰觸這些不愉快的情緒，最直接、有效的方法就是避開。成人後，我們有了更多避開不愉快的自主能力。

避開不喜歡的事物，究竟是擁有了自主權，還是放棄了自主權？這要看情境而定。身體有不適反應的不愉快，不需要勉強，但如果是小時候因不成熟而被制約的情緒，長大後若不去探究，就會被情緒掌控，反而會失去為自己選擇與判斷的機會。所以智者會說，害怕會成為對個人的限制與命運。對無意識的探究，第一步透過這些動物出現，要拆除被制約的本能反應，就像很多人沒理由地怕黑、怕狗、怕衝突……，害怕限縮了人生選擇，讓自己失去了體驗各種不同生活的可能性。

在月亮階段，塔羅裡的愚者必需面對歸返可能帶來的不安與害怕。英雄可能害怕自己無法適應平凡生活，也可能害怕回去後，不再有機會去冒險，也會害怕失去身為英雄享受的風光與讚美。這些害怕會讓愚者在回歸的路上猶豫不決，不敢踏上月亮的道路。愚者在星星階段走進內心深處，遇見了本然、真誠的自我，並對自己有了全然不同的理解，這位已然改變的英雄，能夠如常回到沒有改變的地方，與他人一起生活嗎？他能夠為其他人帶來改變嗎？還是會被其他人視為異類或排擠？這些不安與害怕，展現為月亮圖像裡的動物躁動，阻礙著愚者的回家之路。

道路與關卡：意識與無意識的對立與整合

月亮牌圖像裡的道路並不像節制牌，只要經過天使就能直接到達山頂，而且，天使有著祝福、守護的意象，經過天使踏上的道路，是被支持與鼓勵的未來。但月亮圖像裡的道路，入口被河蝦擋住，還有動物站立在兩邊，最後還有兩座警衛塔在守候。這條道路對路人並不友善，充滿麻煩與危險，我們有必要往險處前進嗎？本能的防衛機制會告訴我們，遠離道路，離開危險，回到星星的安全狀態。

回到星星牌的狀態，並不代表從此就不受月亮牌的干擾。如果它是無意識，我們在夢境，或者在白天，也都會被莫名的不安擾亂心情。很多人常夢到被害怕的東西追趕，或者想要回家卻找不到路，因到不了家而焦急，這些夢境所散發的不安氛圍，猶如月亮圖像中阻礙道路的動物令人不安，唯有踏上道路，我們才能真正離開動物的威脅，不再於夢境中迷茫。跨過動物的阻礙與威脅後，就會到達警衛塔，那裡就像設在國境邊界的關卡，檢查跨越國境的人的文件、行李，確認旅人是否符合到達另一個國度的資格。

關卡之後是以深藍色呈現的山路，在月亮牌圖像中，藍色代表黑夜，關卡之後的藍色領域，才是真正的黑暗國度，在那裡有著與白天不一樣的規則，猶如愛麗絲掉進的兔子洞，對白天世界的邏輯來說是混亂與不合常理的瘋狂世界。但如果我們能像月亮牌一樣，暫時讓白天的意識閉上眼睛，就有可能跟兔子洞裡面的人打成一片，體驗另一種生命狀態。愛麗絲是意外掉進了兔子洞，但我們從月亮階段踏上的道路，並不是被迫或意外，而是做好準備的選擇，所以才會有邊境的關卡，審核我們的出境資格。

在愛麗絲夢遊仙境中，愛麗絲回到原有世界後，發現兔子洞只是鬧劇一場，原有的世界沒有改變，她可以安心過日子。但踏上月亮道路的愚者，很清楚黑暗國度一直存在，黑暗並不是我們要脫離的瘋狂，而是在自己的內在深處全然函容一切、也創造著一切的生命源頭。猶如陰與陽的宇宙運作，沒有黑暗，白天無法存在，沒有混沌，就不會有秩序。人的白天意識，如果沒有黑夜的無意識，就無法獲得豐富的想像與靈感。到達黑暗深處的愚者，離開動物的噪動與關卡，到達的地方是一切靈感的來源。愚者接納黑暗，就會發現在黑暗的最深處，是心靈歸返之處，也是英雄完成回歸任務的終點。

月亮牌的英雄旅程解牌

目前正在經歷的歷程

正位

求問目前正經歷的歷程抽到月亮牌，可解釋為你來到了踏上回歸道路的月亮階段。在此階段，你雖完成了一些任務，也獲得了成就，但這些成果卻帶給你不安與害怕，對未來感到更多的茫然。你無法明確說出自己為何不安，可能害怕成就帶來的壓力，害怕自己讓他人失望，或者害怕在成就中迷失自己……，這種不安在生活中也如影隨形，無法讓你全然的擺脫煩惱或憂慮。你在害怕什麼？你在擔憂什麼？過去你可能從外面找到不安的原因，但在月亮階段，你需要從內在去探索，明白真正讓人不安的不是外在事物，而是存在於內在的某些東西。這些不安不只是本能反應，也是過去經驗所引發的制約反應，唯有用理性的內在對話與探索，才能解開不必要的制約，放下不安。在月亮階段，請不要迴避，唯有向著你所害怕的黑暗直直走下去，才能完成此階段的考驗。

逆位

求問目前的歷程抽到逆位月亮牌，可解釋為你正在抗拒面對內在的害怕，拒絕踏上回歸的道路。你把造成不愉快的原因歸咎於他人，盡量讓自己避開情緒地雷。你有可能在無形中遠離跟人的親密互動，害怕過於親近的關係會觸動不必要的情緒，或者常因為他人無心的言行受傷、生氣，而害怕與人交流。你對不喜歡的事，有可能會盡量用拖延、不理會、視而不見的方式來逃避，但沒有向內在去探究之所以不喜歡的原因。逆位月亮提醒你，不需要去接納不喜歡的事，但有必要去探究自己情緒反應的由來，有了理解後的判斷與行動，可以更直接地表達自己的想法，忠於自己而行動。

過去曾經歷的某段歷程

正位

求問過去的某段經歷抽到月亮牌，可解釋為你在那段歷程走過了各種情緒波折，並努力去探究自己，學習如何從自己內在找到不被情緒控制的方法。你可能注意到他人對你的情緒影響，並不全然與對方有關，而是源於內在已被制約的反應或錯誤認知。這些情緒，長期以來影響你的行動與決定，造成生活困擾，而你決定不再把引起情緒的原因歸咎於他人，對自己作了更深的理解，因而有機會解除制約反應，或者對他人的情緒勒索更有抵抗力，從此不易被情緒影響，也不被他人威脅。月亮階段讓你學習到不安與害怕如何源自於自己，不再躲避情緒，才能真正成為自己的主人。

逆位

如果求問過去的某段歷程抽到逆位月亮牌，可解釋為在那段經驗，你並沒有踏上回家的道路，在月亮階段前停止了旅程。在那次經歷，你因為害怕，可能放棄或離開了某些邀請或機會，這在心裡留下了遺憾。當英雄旅程進入到月亮階段，會讓你面對不安與害怕，但你轉移了注意力以解除不安，或把不安的原因歸咎於外在環境，或者你可能怪罪了他人，但那些都只能短暫的壓抑或遺忘而已。如果要從不安中掙脫，獲得自由，就需要透過內在對話，往自己內在去探究造成不安的原因與理由。逆位月亮提醒你，或許現在就是完成那段旅程的最佳時刻，沒有面對的害怕，會成為你的限制與阻礙，可以透過閱讀與學習，找到探索內在世界的方式，踏上月亮圖像裡回家的道路。

11. 第十一站：復甦

他的歸返世界，被描述成從遙遠的彼岸回來，儘管如此，這兩個領域事實上是同一的。神明的領域是我們所知世界被遺忘的層面。不論是自願或非自然，被遺忘層面的探索，乃是整個英雄行徑的意義所在。在自我被可怕的彼岸同化後，原本在日常生活中看似重要的價值和區別便完全消失無蹤。

——坎伯／千面英雄，230頁

XIX太陽、XX審判

英雄旅程進入到復甦階段，英雄終於有了轉變，在經歷這階段轉化後，新人格誕生了，成為與過去不同的人。在塔羅的英雄旅程，復甦階段則以太陽與審判兩張牌來代表。這兩張牌裡都有張開雙臂的人物，象徵向著世界開放的個人與群體。太陽牌裡是裸身的小孩，張開雙手騎在白馬上，小孩無法遠行，但白馬能載著他前進，讓小孩獲得了空間行動的自由，可以走向全新的世界。在他臉上沒有一絲害怕，全然的信任白馬，有一種樂在其中的自在感。審判牌圖像裡是一群從棺木裡站起來的人，他們伸出雙臂迎接著上方的天使，棺木象徵了這些人的死亡，但他們已然重生，棺木打開了蓋子，原來灰色的人群，慢慢染上了有生命力的黃色，象徵了從死亡重生的生命狀態。

在日常中，你是雙臂交叉放在胸前，還是張開雙臂的時候比較多呢？雙手與雙臂的姿勢常代言我們的內心，用心許願時，會雙手合十；面對不想談心的對象，我們則會雙臂交叉在胸前等。相對地，如果我們在某些人面前自在地張開雙臂，代表心想要更靠近對方，接納對方跟我們交流，甚至也會打開雙臂擁抱對方。圖像中的人物都張開雙臂，象徵了英雄來到了復甦階段，他對他人與世界已全然的開放，不再因為對自己或他人的不信任、害怕，或為了保護自己，而自我封閉。當英雄走過了月亮的黑暗，面對過內在的不安與害怕，不只能夠與自己的黑暗共處，也更能同理他人的不安，轉變為大智若愚的小孩形象，死後重生，獲得新生命。

在塔羅的英雄旅程，愚者為何需要經歷兩次的復甦呢？從太陽牌裡的小孩，到審判牌裡的群體重生，象徵了愚者先有個人轉變，之後會走進群體，對群體帶來改變。在現代社會，很多人遠離團體，尋求個人內在成長，也常被批評是只照看自己，自我實踐成為只滿足自己的自我中心。但靈性成長除了發展個人的獨特性，同時也包含與萬物、群體的連結。心理學家榮格就強調，進入個體成長的人，在成為成熟、獨立個體的同時，會讓世界進入他的內在，並與群體和世界同在，所以一個人的成熟，包括了個人、他者與世界共繫在一起的體悟。

在宗教團體，雖強調如何在群體中實踐愛與慈悲，但同時也重視個人的內在修為。佛教就認為沒有智慧的慈悲，可能對他人的造成傷害。所以佛在覺悟後，還是回到世俗傳法，雖然帶領出家僧團，卻沒有脫離社群生活，這時代的人間佛教，更實踐了各種社會工作。同樣地，基督宗教也有獨修傳統，但這些修行者把生命奉獻給了神，但神所要實踐的是對世人的愛，所以修行者也都會參與社會。就算不是修行者，也可以做出善意的行動。然而，並不是每一種善意都會帶來善的結果，這需要智慧判斷，這就是愚者要踏上英雄旅程的原因。愚者所到達的旅程的終點，一方面轉變為大智若愚、充滿創造力的小孩，這是魔術師給予愚者的召喚，之後還要帶來群體的轉變，不只是獨善其身，還要能兼善天下，這是女祭司的智慧召喚。

復甦階段的提醒

在復甦階段，英雄回家，感到安心，但也會因為改變，而讓原有的生活變得不一樣。如何在重覆的日常體驗日日是好日的生活智慧，如何為群體帶來改變可以發生在任何人身上的訊息，並從自我中心走出來，關懷他人與社會，是英雄完成復甦階段的任務。

復甦階段的考驗

回歸原來世界的英雄，面對平凡的日常，需找到像孩童一樣的赤子之心投入到生活，對每日的生活體驗全然開放與體悟。英雄的回歸，不只是為了個人的轉變，英雄也要能夠影響他人，並為他人與社群帶來全新的生命狀態，英雄如何把群體視為與自己共在的共同體，並一起共進，成為復甦階段的英雄要面對的考驗。

XIX. 太陽

圖像敘事

太陽牌圖像裡的視線都向著前方，包括太陽、小孩、馬的眼神，象徵了在星星與月亮圖像沒有整合的內在與外在，在太陽圖像中終於看向了同樣的方向。太陽從灰色圍牆後方升起，小孩在圍牆前，兩者還是被圍牆的隔絕，但在正中央的太陽猶如給予小

走過黑暗、體驗過精神歷練的英雄，能夠無懼地走向無常的苦樂、生命的陳腐以及喧鬧的世俗。赤子之心在此誕生，沒有過去的遺憾，沒有未來的不安，只有無懼的現在。

孩的定位與引導，照耀著前方的道路，讓小孩可以無懼地帶光陽光前進。小孩裸身騎在白馬上，身體有點向左傾斜，另一隻手拿著向右高高立起的紅色旗子，以V型的構圖，平衡了傾斜的身體，同時也表現了小孩的動態與靈活。白色的馬沒有韁繩，但小孩不畏懼，很信任地騎在馬背上，馬猶如太陽的化身，成為帶著小孩前進的方向引導。圍牆上的向日葵並沒有向著太陽，反而向著小孩所在的方向，小孩成為向日葵跟隨的太陽。太陽圖像以小孩形象，象徵了孩子專注在現在、好奇未來、不遺憾過去的特質，強調了充滿生機的當下時刻，不需顧慮過去，憂心未來，生命只能活在當下。

象徵解釋

小孩與太陽：赤子之心與大智

太陽圖像以裸身的小孩與上方

人臉的太陽，一起成為圖像的視覺中心。小孩有著天真、純潔、快樂等意象，裸身更強調了沒有被教化的純然狀態。小孩出現在復甦階段，象徵了回歸到赤子之心的英雄。小孩也可能象徵沒有經驗的無知，但太陽牌裡的小孩，走過了英雄歷程的所有考驗，他是大智若愚的智慧，不再對他人偽裝，而能自在、真誠地活出自己，並張開雙臂，無所畏懼地騎在馬背上，擁向世界。太陽的大智與無所畏懼，源於走過月亮階段的英雄，面對了內在的不安與害怕，不再逃避陽光下的陰影，全然接受了黑暗與自己共在的事實。

生活中你害怕什麼？害怕讓他人失望？害怕自己沒有成就？害怕自己無法跟別人一樣？害怕他人拒絕？這些都是實踐社會關係時會有的苦惱。但人也有可能害怕面對真實的自己、死亡、疾病、年老，社會關係上的煩惱，會依一個人的成長、社會地位的改變、人際經驗的累積而漸漸減少，但生老病死卻是人無法解決的生命處境，不會隨著年齡增長就能擺脫，反而可能因為年紀大了，越接近失去的階段，因而更害怕。圖像裡的小孩向打外開雙臂、裸身，他除了右手的旗子，頭上的羽毛之外，一無所有，雖然騎在白馬上，但白馬沒有韁繩，不被小孩擁有，隨時都有可能奔向自由，所以小孩的無憂無慮，因為他一無所有。

塔羅牌裡的愚者，原本身穿華服、兩手都拿著東西、白色的狗在一旁吠叫；到了太陽牌的小孩，愚者的狀態完全轉變了，小孩赤裸，一手拿旗，另一隻手張開，白色的馬與小孩成為一體。愚者擁有很多，卻很無知；小孩一無所有，卻是大智。小孩代表沒有任何社會地位與權力，不需要在乎面子或形象，所以能看穿假像，告訴我們活著最重要的價值。他就像來到地球的小王子，不懂人為何要發明節省吃飯時間的藥丸，如果有這些時間，小王子寧願走到泉水好好喝一口水。然後他會告訴我們，生命中重要的事物，只透過眼睛是看不到的。塔羅的英雄旅程，是凡人如何從自認為的擁有，走向智慧的無的轉變歷程。

相對小孩的天真，太陽有著成人的臉，是圖像中的第二組人物。在月亮圖像，月亮也以人臉象徵人的理性與意識狀態，但他緊閉著眼睛，放下意識對夜晚的主導。太陽則張開雙眼，直直盯著前方，他的亮光覆蓋了上方的天空，強烈地向外直射，但同時有著彎曲的外射光。太陽與小孩，象徵了整合夜晚與白天的人的內在狀態，如果我們只擁有太陽的白天意識，就會過於依賴理性，但走過了夜晚的無意識，有了小孩般的天真與真誠，就擁有了能夠看透真相的大智。英雄在復甦階段返老還童，他能夠用孩童的心，不遺憾過去、不煩惱未來，在當下自然活著。

向日葵與白馬：日日是好日的生活體悟

在後景出現的灰色圍牆，擋住了後方的視野，讓太陽牌的空間感只向著前方。後方背景的阻隔，還有圍牆上的向日葵與太陽，填滿了背景，把焦點更聚焦在白色的馬與小孩身上。圖像裡沒有呈現任何遠景，象徵了沒有過去、沒有未來，只有眼前的現在與當下。人的憂慮大多來自於對過去的懊悔以及對未來的不安，當人的思緒在過去與未來游移，也代表跟處在當下的身體分離。身心分隔所形成的間隔與距離會被憂慮填滿，這就是大人的日常。但小孩專注在當下，他們的時間感只有不久前的現在與還未到來的現在，就是一般我們所說的活在當下的生命狀態，所以小孩的無憂無慮來自於只專注在當下。

圍牆上開滿了向日葵，但這些花沒有向著上方的太陽，反而都向著前方，代表圖像中象徵太陽的是小孩，並不是在天空中的那顆太陽；小孩才是太陽牌的標題所象徵的意義。騎在馬上的小孩，他並沒有看向前方，他把注意力從前方轉移到一旁，與白馬注視的方向不同，代表小孩沒有明確的目的地，與白馬隨意、悠閒地移動。但小孩手上持著紅色的布旗，隨風飄揚，直立、標地明確，小孩用旗子向外宣示，他知道自己在哪裡，也知道自己要到達到哪裡，他在他該在的地方，也往該前往的方向前進。

皇后牌也展現了活在當下的美好，但皇后坐在椅子上，與大自然結合在一起，愚者被活在當下的享受所誘惑，拒絕召喚，不再規劃未來，只專注在當下的感官體驗，追求無憂無慮的生活。然而當時的愚者，會畏懼向著死亡前進的未來。太陽牌中的小孩，雖無憂無慮地享受當下，但他的馬會把他帶到前方，他並不會停留在此刻，而是向著未來與死亡前進，這是皇后牌所缺乏的意涵。現代人的生活則過於活在未來，遺忘了當下這一刻的體驗，成熟的人格，懂得這一刻陽光的重要，也能接納生命向著未知開放的脆弱。這兩者被整合在一起，就是小孩形象所象徵的意義。

有一句禪語是「日日是好日」，這句話如果由皇后階段的愚者來體悟，表示避開困難任務，過自己喜歡的生活，才能過好日。但完成了考驗與任務的愚者，他在太陽階段，體悟到「好日」是對所有體驗的開放，日子沒有好與不好，只有每天都是不一樣的體驗，不管是在花園裡的安逸生活，還是要面對魔怪的艱辛任務，都是活著的美好經驗。太陽牌裡的構圖，只呈現前景來象徵活在當下，並用前進的馬，表現了向著未來的意象，又以小孩呈現了向著生活開放的好奇心，這就是在太陽階段復甦的愚者所獲得的轉變：成為能夠日日活出好日的智者。

太陽牌的英雄旅程解牌

目前正在經歷的歷程

正位

求問目前的經歷的歷程抽到太陽牌，可解釋為你的旅程已到達復甦階段，有一種雨過天晴的明亮與輕鬆心情。就算還有未決的問題，也不再成為你的煩惱或不安，你可以輕易放下憂慮，開心、無憂地過生活，猶如內心裡有一個想要重新體驗生命的小孩，對很多事也充滿想要體驗與嘗試的好奇。來到太陽階段，對過去也不再那麼掛念，對未來也不再過度擔憂，比起以前，你已能放下很多糾結，並滿心喜悅地期待接下來在生命中展開的新篇章，並珍惜與感恩每一天擁有的好時光。

逆位

求問目前的經歷的歷程抽到逆位太陽牌，可解釋為在現階段歷程中，你抗拒進入復甦階段，讓自己停滯在月亮的黑暗中。在月亮階段的你，容易被自己與他人的情緒影響，你的心情很混亂，看不到改變的方向。或許你太想要離開月亮階段的黑暗，卻沒有給自己足夠的時間進行情緒覺察，只用了轉移注意力的方式安撫自己，告訴自己一切如常，並認為黑夜已經離開；你讓自己開心過生活，卻無法回看背後的黑暗。逆位太陽提醒你，要過了最深的黑夜，太陽才會升起，請你不要害怕被情緒影響，你有足夠的力量走完月亮的道路，當你完成了月亮的考驗，開心與希望會自然在心中升起，不需要努力去偽裝。

過去曾經歷的某段歷程

正位

如果求問過去的某段經歷抽到太陽牌，可理解為在那段歷程中，你學習到在一次辛苦的歷練後，自己不但變得成熟，同時也變得更熱愛生命，對未來充滿期待與好奇。在那段經歷之前，你或許對未知的未來充滿憂慮，生活也失去樂趣與活力，但受苦的歷練帶來了更為開闊的生命觀。太陽是能夠珍惜當下、熱愛生命的態度，有了太陽牌的生命態度，你能夠擁抱生命，也能更友善地配合他人，不為小事抱怨或擔憂，並相信自己能夠安然度過任何困境。

逆位

如果求問過去的某段經歷抽到逆位太陽牌，可理解為在那段歷程中，你尚停留在月亮階段，但你想要用太陽一樣的樂觀與積極去面對月亮的黑夜，反而未能完成踏上回歸之路的任務。如果沒有完成月亮旅程，你會因為過去留下的遺憾，無法張開雙臂重新信任自己或他人，或者害怕被情緒影響，對人、對事都非常小心，生活謹慎、小心翼翼，害怕自己碰觸到深藏的傷痛。逆位太陽在提醒你，想要擁有無憂無慮的安心，並不是跟隨陽光讓自己樂觀度日，而是需要走過月亮的黑夜，才能像太陽牌的小孩般，無所畏懼地前進。為了讓自己進入到太陽的復甦階段，應再給自己時間回顧過去，並相信自己有足夠的力量與智慧能夠應對黑暗，撫慰過去的傷痛。

XX. 審判

圖像敘事

在審判圖像，上方為吹著號角的天使，下方為從棺木站立的人群，他們經由聲音形成互動關係。圖像中繪出了向外傳播的聲音，聽到聲音的人群，打開浮在水面上的棺木的蓋子，男女老少從棺木中站起來，抬起頭、張開雙臂，迎向天使與號角聲。人群被冰山圍繞，水面上只有漂浮的棺木，有著類似末日的景象。在前景的三個人物，他們裸身，身體呈灰色，但頭髮有著與天使和號角一樣的黃色，象徵了死後重生的新生命。號角上有著紅色十字圖像的布旗，十字象徵了道路，指引著下方重生的生命，帶領他們到達新世界，並獲得新的生命道路。審判圖像展現了基督宗教末日審判的意象，並以棺木中的人群象徵了在末日審判，獲永生的靈魂。

英雄是生成而不是已成的鬥士，他是「是」（is），在每刻當下重生。沒有事物能永久保存它的形態，但形態的轉變會生生不息。

象徵解釋

號角與棺木：寂靜中的聲音

審判牌圖像中的號角，強調了聲音，下面的人群是聽到了聲音才從棺木中甦醒，聲音成為在死亡的寂靜中傳達重生訊息的媒介。我們常說要聆聽內在聲音，外在的聲音是每個人都聽得到的，但內在聲音，只有自己才會聽到。雖然圖像中很多人都聽到了天使的號角聲，但天使是精神存在，祂用號角吹出來的聲音，直接傳達到每個人的心裡，所以並不是每個人都聽的到，只有在棺木的寂靜中聆聽聲音的人，才會聽到號角聲的召喚，並從死亡中獲得重生。

棺木是一個寂靜的空間，那裡只有死亡，所以審判圖像的重生，猶如死神牌，都有死後重生的意象。但死神圖像裡的死亡意象，更強調了人在面對死亡前所經歷的掙扎，而且太陽在河道對岸升起，雖有新生的意象，但在此岸的人還無法到達。反觀審判圖像，呈現的是從棺木站起來的人群，這些人已到達河流彼岸，更強調了死後獲得新生命的時刻。棺木是獲得重生的重要空間，沒有死亡，就沒有重生，所以每一次新階段的開始，也可以象徵為一次死亡後的重新開始。在棺木裡的寂靜時刻，英雄為旅程畫上句點，當他回顧走過的路，天使的號角聲會以「意義」在英雄的耳邊響起。

很多人尋找人生意義，但意義並不是預備好的寶藏，只要走對了路就可以挖寶。人生意義更像不知全貌的拼圖，只能盲目地在路過的途中，沿路收集各式各樣的碎片，不到旅程的最後一刻，沒有人知道會用到哪些碎片，會形成什麼樣的圖案。每一段英雄旅程或生命經驗都需要有終點，猶如我們看連戲劇，沒看到結尾，無法斷定故事的意義。人生也是如此，需要有句點，才能從終點回顧過去，並為自己的故事賦予意義。意義只會在旅程的終點回顧時顯現，這時手中所有的拼圖碎片，開始形成圖案。在棺木中的人，象徵了為自己的旅程畫上句點的回顧，當意義的圖案完成的那一刻，就像聽到天使的號角聲，原來以為在黑暗中迷路的狀態，突然會有豁然開朗、了然於心的領悟。

在華人文化，容易把審判理解為對一生功過的評判。但審判圖像沒有正義牌的寶劍與天秤，並不進行對錯好壞的價值判斷，而是由天使為亡者帶來新的生命，所以比起判決，更像是普薩在普渡眾生，讓眾生開悟後都能離苦得樂。天使帶來的重生是精神轉化，這是在人的內在獲得「悟」的聲音，有了意義的領悟，會改變一個人從內觀看世界的視野與態度，生活雖如常，但生活中的人已成為不一樣的人，對未來有著更清楚的目標與方向。愚者走完了他的英雄旅程，在審判階段，終於可以靜下來省思走過的任務與冒險，在此階段，他會獲得這次旅程的意義，並以嶄新的生命態度，再次投入社會生活。

向上仰望的人群：與群體共融的個體心靈

審判牌裡的人群，有男女老少，這是眾生群像。雖然這些人群在天使的下方，但他們都站立著，這是在惡魔牌之後，再次出現的站立人像。惡魔圖像裡的人物，雖然站立，卻被他人使役，無法成為自己的主人。但經歷了高塔牌的墮落、星星牌的裸身與跪地、太陽牌的小孩坐在馬背之後，人終於重生為可「自立」的人格，不需要被他人約束，也不需要其他人的幫忙。在審判圖像裡的人群，都是可自立、自主的個體。自立、自主的人格，才能清楚知道自己與他人的差異，人與人不會被差異性隔絕，反而因為認知到差異性，才能尊重他人與自己不同，而不是用自己的主觀想法去理解他人的言行。

英雄旅程是愚者個人的成長旅程，雖是一個人的道路，但這條道路卻會帶領他更真誠的回到社會關係，深刻體悟與洞察個人行為對群體產生的影響與傷害，成為能承擔倫理責任的成熟人格。能夠與群體共感的心靈，對萬物也會有著敬畏之心，對天的敬仰，並不只是因為神明會給予懲罰或祝福，而是真誠地感受到人在萬物中的渺小謙卑，而產生敬畏，這在審判圖像以向上仰望的姿態來象徵。能夠善待鄰居、陌生人、動物、植物的人，不會過度放大自己在世界中的重要性，所以不管有沒有宗教信仰，有著謝天之心的人，也會把謝天轉化為對他人的憐憫與感恩，就像圖像中的人群，向著外在世界張開雙臂、仰望天空，並成為由獨立個體共融的群體。

審判牌的英雄旅程解牌

目前正在經歷的歷程

正位

求問目前經歷的歷程抽到審判牌，可解釋為你的旅程到達最終的復甦階段，現在是為你的英雄旅程進行一次回顧與省思的時刻。如果現在是旅程的終點，你會把哪一個事件視為冒險的召喚？誰成為你的貴人？你完成了什麼樣的任務？獲得了什麼樣的寶藏？當你回顧旅程，內在會有越來越多的聲音述說這次的經驗與故事。這一趟旅程有艱辛、有快樂、有挫折、有學習，喚起這些回憶，或者寫下這些故事，會讓你明瞭這次旅程的意義。來到審判階段你，正是回顧過去的時候，請把時間留給自己，在寂靜中聆聽天使的號角聲，體悟旅程對自己帶來的改變，這就是你在審判階段所獲得的重生與醒悟。

逆位

求問目前經歷的歷程抽到逆位審判牌，可解釋為你正在抗拒進入審判的復甦階段，想停留在太陽階段一個人自在。你在太陽階段享受自在、閒情的生活，但為了完成英雄旅程，你也需要接受審判階段的考驗，需要安靜與自己獨處，省思與回顧所走過的旅程。你會發現一路走來並不是獨自完成旅程，過程中，有無數不知名的陌生人的善意，但也有你的無心之過造成的傷害。對善意的感恩，以及對過錯的抱歉，這些雖都無法針對特定對象，但回憶與懺悔可以幫助我們在心中化解它們。逆位審判在提醒你，英雄旅程的終點，是領悟旅程的意義，而意義只有在回憶與省思之中才會被你領悟，雖然享受美好的陽光與生活也很怡人，但在審判階段，請沉澱自己的心，把心收回來，在安靜獨處中回顧過去，等待天使的號角聲。

過去曾經歷的某段歷程

正位

如果求問過去的某段經歷抽到審判牌，可理解為那段歷程對你產生重要影響，並且改變了之後的人生方向。從過去的經驗，你發現很多事並不在規劃好的軌道上，很多看似巧合與偶然的事，都有可能是命運冥冥之中自有安排，並改變你的未來。我們常說凡走過必留痕跡，但當我們回顧每個走過的痕跡時，它們才會從偶然轉變為重要的生命意義。有過審判階段的經驗，你會像圖像裡面人的一樣，願意向著外在世界與他人張開雙臂，在規劃自己的未來的同時，也能接受意料之外的遭遇，比起成功與失敗，更能夠從意義的觀點看待人生經驗。

逆位

如果求問過去的某段經歷抽到逆位審判牌，可理解為那段歷程你沒有完成審判階段的考驗。審判階段會幫助你領悟旅程的意義，但你需要接受那段旅程已經完成的事實，才能進行對旅程的回顧與省思。審判圖像裡的棺木象徵了結束，你需要先對事情畫上句點，才能成為從棺木中走出來的人，擁有新的生命與新的開始。或許你期待過去事情中的某些緣分或某些機會還可以再持續，這些期待，讓你無法接受新的機會或向著別的目標前進。逆位審判在提醒你，需從完成旅程的觀點看待那段經歷，但完成並不代表結束，它只是一個階段的轉變，猶如學習期間，結業成為另一個階段的開始。畫上句點，是為了新的句子、新的篇章的開始，有了句點，才有可能日日更新，日新月異。

12. 第十二站：帶著解藥回歸

自由的在不同的世界來回穿梭，從時間靈魂的觀點進入因果深層的觀點，然後再回來——不混淆汙染兩個世界的原則，卻能使心靈依個別世界的基準了解另一個世界——是大師才有的天賦。

——坎伯／千面英雄，245頁

XXI. 世界

圖像敘事

英雄旅程的最終站叫「帶著靈藥回家」，原文為 Elixir，英文中的 Elixir，指的是長生不老仙丹，象徵了完成旅程的英雄會獲得的不朽生命。在塔羅旅程，則是由世界

THE WORLD.

把自己從渴望、自私與鬥爭中解放出來，不受悲苦所擾。把自我延伸到世界，成為群體中的獨立個體。

牌來代表。「世界」一詞，一方面象徵愚者在離開自己的世界後又回到原處，另一方也意味愚者轉變為英雄後，為自己與他人創造出新的世界，象徵了英雄為這世界帶來的影響與改變。成為英雄的愚者，可以整合內外的矛盾，看透無常與恆常，自在進出日常與冒險情境，這種整合的狀態，以世界圖像中裸身的女人跳躍在花圈內外，看向後方，腳步卻踏上前方的方式，來象徵時間的共時狀態。花圈以月桂葉與無限符號來象徵勝利，四方的天使守護著花圈與女人，象徵了圖像中的女人是生命的勝利者，她與天使的精神力量連結，獲得永生。

帶著解藥回歸階段的提醒

旅程結束了，新的旅程還未開始，此刻，投入到日常，珍惜與用心對待生活中的每一個關係，讓自己與身邊的人相互連結。活出愛自己，並關懷他人的生活。

帶著解藥回歸階段的考驗

在此階段，英雄獲得了永生與青春，所以放下外在時間與生死對人形成的侷限，人的年紀或時間條件，不再成為體驗生活的限制，讓自己活出青春的生命力，為自己、為他人與社群不停歇地帶來成長與改變。

象徵解釋

裸身的女人跟花圈：獲得永生的勝利者

在大祕牌裡，星星與世界兩張牌，都呈現了裸身的女人。星星圖像裡的女人全身赤裸，象徵了坦誠的自我狀態，但世界裡的人物，除了裸身的坦誠，身上還有紫色披巾，披巾以螺旋狀纏繞在女人身上，上端在後方飄揚，下端則掉在腳邊，方向與女人的視線與腳步呼應。看向後方的視線與向著前方踏地的腳與披巾，在空間中展現了時間的流動：過去、現在與未來。女人成為共時的象徵，過去、現在、未來都在此刻，因與果同時共在，進入到了循環的時間永恆，展現了世界牌超越時間的永生意涵。

一般我們所經驗的時間是有過去、現在、未來的線性時間，因果在這線性時間中展開的行動，有開始與結束。西方基督宗教的時間觀就是線性時間，上帝創造了世界，並會有最後審判的末日會到來，而我們就生活在末日到來之前的時間。但印度教與佛教，則有著輪迴觀，世界在毀滅後不斷被創造，人的生命也會在輪迴中重生。輪迴的時間觀，開始就是結束，因就是果、果就是因。我們在這一世經歷的苦，可以是上一世的果，但同時，這一刻也會成為下一世的因。在輪迴的時間，我們活在因、果共在的時空，每一刻都以過去的果來接受，每一刻也都要以未來的因來好好應對。這就是永恆時刻，沒有開始與結束，生活在永恆時刻的英雄，對每一刻自己的行為都要清明覺察。

坎伯用「宇宙的舞者」、「兩個世界的主人」來指稱了完成旅程的英雄，兩個世界除了是輪迴時間中的因和果，也可以象徵英雄所在的日常世界和歷險的未知世界。英雄會自在地在兩個世界來回，而凡人則會在兩個世界中感受到衝突與矛盾。凡人在苦境中，無法接受那是過去種下的因所致，也無法看透現在這一刻的行為如何造就未來的果，或者是，在一成不變的日常中，期待著有趣的事情發生，並對日常感到煩躁，但一旦發生意外，則會希望日子盡快回到日常，可以安心舒服地過生活。

圖像裡的女人，兩手拿著上下尖頭、連結天地的權杖，象徵了共時狀態下，英雄會有著超越個人、與天地合一的永恆生命。一開始的愚者牌，圖像的空間因為懸崖而斷裂，愚者以側臉現身，但到了世界階段，面向前方的裸身女性，站在圓圈當中，象徵了整合，成為更為完整的個體。這就是成為英雄的愚者在旅程後所獲得的永生仙丹，是一種在時間中能夠洞察自己行為因果，在空間中不管身在在哪裡都能安住的生命態度。

守護四方的天使：平安在我內

在印尼有一座佛教聖地叫婆羅浮屠，那是約以七層的方形空間形成的佛教塔形建築，它不是寺廟，而是讓人繞塔進行朝聖的聖地。在這建築上，下面的五層在走道兩邊都雕滿了有關佛陀或佛經中的故事，就像大型浮雕戶外圖書館，只要依循浮雕故事前行，就會完成繞塔。走過了五層的浮雕走廊，接下來會出現有七十二座小型佛塔的三層空間，這些小佛塔都有圓頂的罩子，雖在裡面都有一尊尊的佛陀坐像，但朝聖者只能透過圓罩子上簍空的小洞探頭到小洞裡，才能局部的窺見佛像。在外繞塔而行的人，雖知道塔裡有佛像，卻見不到佛。很多學者們研究這座被視為世界七大奇蹟的佛教建築時，認為五層的浮雕與三層的佛塔都在表現佛教修行的境界與生命觀。

身在繁華世俗世界的人，透過眼睛所見而學習，面對眼睛無法親見的神聖世界，神常會以人格化的形象被呈現，來幫助一般人想像神聖世界，這就像婆羅浮屠雕有浮雕的佛塔區。但開始進入智慧之道的修煉者們，知道一切的外像只是學習階段的過程，不需要執著於像本身，所以禪宗常會有燒佛像、丟佛經等故事流傳。到達三層佛塔階段的朝聖者，猶如修得智慧的智者，佛在他們心裡已不需要像在繁華世界那樣，需要親眼見到，所以每尊佛像都被佛塔罩住，被隱藏。最後到達塔頂，只有一座尖頂，沒有佛像、浮雕，是什麼都沒有的空與無。

婆羅浮屠有浮雕與被隱藏的佛像區，就像塔羅牌裡命運之輪出現全身像的天使，以及在世界牌天使只出現頭像的意義類似。天使以全身有翅膀的形象出現的階段，愚者需要藉由穿戴護身符、平安符，或是去廟裡拜拜等方式，以具體的媒介獲得保佑力量。但到達世界牌的境界，愚者就像圖像中的女人，在空中與天使們連結在一起，這些天使只有頭像露出雲端，保佑力量不需要具體的全像，愚者也能隨時感受到保佑一直在他的身邊。經歷了各種困難與歷練的愚者，不再害怕自己會被打倒、會受傷，期待著避開不幸，因而尋求保佑力量。他深深體悟到，人活著本身就是奇蹟，是祝福與保佑，這些天使早已融入到愚者內在，成為生命的一部分，這帶給愚者對生命的信任、希望與意義。

塔羅的英雄旅程，最終要帶領愚者完成魔術師與女祭司的召喚，讓愚者成為無所畏懼的命運創造者，以及整合衝突的智者，這兩個人物的境界在世界牌獲得了回應。世界牌以女性形象，兩手拿著猶如魔術師手上的兩端尖頭權杖，站在比女祭司的大海開闊的天空，並把魔術師前方的四元素的工具、女祭司的黑與白的柱子，都用圓形花圈整合在一起。這張牌以「世界」來命名，象徵了完成英雄旅程的愚者獲得了「世界」，以及他本身成為了「世界」。這個世界包括了人的內在世界、外在的物質世界、無形的神聖世界。能夠不斷整合、來回於這些世界的愚者，就是到達魔術師與女祭司的境界的英雄。

世界牌的英雄旅程解牌

目前正在經歷的歷程

正位

求問目前經歷的事情抽到世界牌，可解釋為你的旅程已來到帶著解藥回歸的最終階段，完成了一次從愚者轉化為英雄的歷程，獲得了與過去不同的新生命與智慧。來到世界階段，你有一種事情終告一個段落，塵埃落定的安心感，不管最終的結果如何，在世界牌的階段，你能夠從圓滿的觀點回看事情發展的過程，能坦然接受一切結果。雖然事態未能事事如意，但比起未完成的部分，你更注意到自己在過程中的改變與成長。在世界階段，你更能同理他人的言行與情感，體悟自己與萬物連結，在此階段，請你把旅程的經歷與所學分享給他人，好好為自己慶祝一次英雄旅程的完成。

逆位

求問目前的經歷的歷程抽到逆位世界牌，可解釋為你雖完成了旅程，卻還未準備好畫下句點。這次任務對你來說還留有未完成的遺憾，並在等待與遺憾和解的機會。逆位世界代表你還停留在審判階段，你回顧過去，尋找這次旅程的意義與價值，卻尚未獲得滿意的答案，或者覺得有些事情未能獲得解決，所以這趟英雄旅程對你來說尚未完成。你對什麼事情感到遺憾？你想要修補的是什麼？世界逆位在提醒你，或許你太在乎獲得想要的答案，無法放下不如意的結果。世界階段的圓滿並不是要求完美，而是能夠看到在旅程中改變的自己，如果你有無法放下的遺憾，這些遺憾或許不必要獲得化解，而是需要你接納這些不完美與不足，並接受自己的一切。

過去曾經歷的某段歷程

正位

如果求問過去的某段經歷抽到世界牌，可理解為在那段歷程中，你學習到結束與離開的人生功課，能夠在結束時好好說再見。自覺離開或結束的時刻，也是人格成熟的過程，雖然結束會帶來分離的憂傷，但那才能帶來新的開始。在結束中看到過程中的學習和接下來的新氣象，才能以平常心接受分離。猶如世界圖像中的女人看向過去、踏向前方，你也感受到那段經驗在你的過去與未來已有了圓滿的結果，不需再掛念。那段經驗中遇過的挫折與磨難，讓你更能坦誠接受自己，對他人更為寬容，面對未知也能比以往更為安然。

逆位

如果求問過去的某段經歷抽到逆位世界牌，可理解為那段歷程尚留有讓你感到遺憾的事情。你心裡還掛念著那段經歷，無法全然放下。你或許很在乎曾經有過的爭執，以及自己可能帶給別人的傷害，或許你很想為那次的爭執與對方和解，但一直沒有機會。事情雖已過去了，但你的抱歉還未說出口，所以對你來說事件尚未完成。回顧過去，會有很多來不及道歉與和解的事，當我們成長、想要與自己的過錯和解時，未必能夠獲得重來一次的機會。我們的不成熟，在成長階段必然會對他人造成傷害。能夠覺察到自己的不足與曾有的過失，都代表我們在成長與改變，但在成長過程，也要能原諒自己過去的不成熟與不完美，這是愚者轉化為英雄時所需學習的功課。

—結語—

英雄旅程尚未結束：倒吊人與愚者的當頭棒喝

榮格曾為他的朋友兼漢學家衛禮賢翻譯的《易經》寫過序言，在那篇文章，他從精神分析的觀點探討了「占卜」。我在碩士班期間苦思占卜對現代人的心靈可能發揮的影響與意義時，讀到這篇文章，就像眼前開了一盞燈，照亮了研究占卜的一條道路。在這篇序言裡，榮格雖然非常肯定《易經》，但一方面也很擔心西方讀者會誤解或誤用易經占卜，所以他就大膽地用了非傳統的占卜方法，由自己示範了占卜解牌在心理學領域的解釋與運用方向。

在這篇序言裡，榮格共進行了兩次占問，第一次把《易經》人格化，並讓《易經》判斷自己的處境，問它被引薦給西方世界的讀者後，會如何？占出了鼎卦。接下來，榮格思考到他個人的解釋對《易經》也會產生影響，所以就讓《易經》對榮格的行為進行評論，這次抽出坎卦。榮格提問的方式，都不是傳統的算命占卜的占問方法，也因為如此，榮格對於《易經》解讀，比起預測未來，更像是在解讀《易經》對西方社會帶來的意義，同時也對他個人對《易經》的看法作覺察。

榮格在序言裡進行的示範，是擔心易經占卜對西方讀者過於陌生，所以以實例加強展示了榮格對《易經》的觀點，以及占卜解牌可以為個人帶來的影響與改變。而《走向世界的愚者》這本書，也不是傳統的塔羅占卜學習書，占卜解牌方法也異於一般的占卜預測，對讀者來說，可能也有點陌生。所以我在這本書的結尾，也模仿榮格，針對這本書與我的行為進行英雄旅程的解牌示範，期待能夠幫助讀者，進一步領略英雄旅程的占卜能如何實際運用。

依榮格的示範，我也進行了兩次占卜解牌，第一次把這本書作為主角，問：**這本書，在已完稿正等待發行的時刻，正處在英雄旅程的哪一個階段？**

抽到倒吊人。

在抽牌以前，我認為一本書的歷程，就是在完稿、發行後，走向結束。所以我預想本書的英雄故事，會處在歸返與回家的最後階段，結果卻出乎意料，抽到逼近洞穴深處的倒吊人。「逼近洞穴深處」尚在英雄旅程的中途，也是愚者面對著主要任務的關鍵關卡。在這一階段，愚者終於突破了自我，找到獨屬於自己的價值，並像倒吊人一樣特立獨行地倒掛在樹上，雖異於他人，卻開始有勇氣做自己。如果本書內容的完成只是完歷險的一半，那後半的苦難折磨或歸返，會是什麼樣的考驗呢？

如果要解釋倒吊人，我就必須要重新思考與定位這本書的意義。如果這本書的完成只是歷險的啟蒙階段，代表接下來它還要經歷各種考驗，才能走到最終的回歸返家。我想到，這本書不全然只是傳達知識的書，也是一本要能夠運用到每位讀者生活中的實用書籍，所以本書英雄旅程的完成，可能有待讀者把它活用在生活中，到那時，才真正走到歸返的階段。

況且，倒吊人之後的階段是「苦難折磨」，是死神牌與節制牌。

以這本書為主體來思考死神與節制，就會是文字脫胎換骨，成為書本，並發行到讀者能夠接觸到的平台，這是一種轉化的歷程。之後從惡魔牌到世界牌的整個歷程，就能解讀為這本書「與每位讀者建立關係，最後成為讀者世界的一部分」的過程，如此走到世界牌的階段，這本書能成為讀者生活中的永生靈藥。

解讀到這裡，倒吊人變成一種提醒，告訴我這本書的英雄旅程尚未結束。因此我也不禁好奇，本書之後要走的歷程，對於身為創作者的我，會帶來什麼樣的影響呢？

帶著這樣的好奇，我作了第二次的占問。

這次的提問以我自己為主體，問：**這本書的發行，對於我的塔羅推廣工作，來到了英雄旅程的哪一階段呢？**

抽到愚者。

這也是意料之外的答案。把塔羅運用為生命成長的學習方法，是我多年都在進行的工作，所以我以為完成了這本書，會進到推廣工作的收成階段。我已把過去的研究與教學經驗匯聚到書裡，所以自認為要做的主要任務大多完成了，終於可以享受成果。沒想到，我的英雄故事還待開展，一切都尚未開始。

愚者是所有英雄故事的開頭，就像電影的片頭出現的預告片與開場音樂，此時，觀眾無法想像接下來會出現什麼樣的故事，有什麼樣的轉折，只能充滿期待與好奇。但我已在塔羅路上進行多年的研究與推廣工作，要如何解釋愚者的出現？

愚者牌的出現，再次打醒我的自以為是。如果要解釋愚者，我需要對過去已進行的推廣工作重新定位。過去，我雖也強調把塔羅占卜使用為自我覺察的占卜解牌，但學習方式還是維持在七十八張塔羅的學習結構，並沒有打破傳統模式。但在這本書，我直接用了坎伯的英雄旅程重新架構了偉特大祕牌的生命觀，並把大祕牌從七十八張塔羅中獨立出來，結合英雄歷險模型，提出解牌方法，來回應生命各階段的考驗與挑戰。這是異於過去的教學方法，所以在推廣實踐上，或許需要異於過往的突破。

愚者牌給我當頭棒喝，告訴我接下來的塔羅推廣，需要推出新的方向與思維，不能只是延續之前的道路。至於那新的道路是什麼，現階段我只要像愚者一樣充滿好奇、並打開雙臂，歡迎所有的機會與可能性即可。

愚者階段的提醒與考驗是要身體力行，無法像寫書時一樣，坐在電腦前，沉浸在我的想像世界裡，就可以完成。所以接下來需要跟世界與讀者碰撞，像愚者一樣讓自己歸零，以愚者（不知）的心態，對世界懷抱好奇，親身體驗，讓自己成為經驗世界的心靈。

兩次的提問，主體分別為書與我。但我是作者，無法從書本的歷險歷程中自由脫身，所以倒吊人與愚者，是我要同時觀照的兩個旅程階段。所以愚者，不只在預告我的新冒險即將展開，也在提醒我「歸零」的重要性，才能不以個人（作者）的期待，限制了書要展開的冒險故事。本書在倒吊人之後，會進入到死神牌到世界牌的歷險，這是書與讀者的相遇與碰撞，不是作者，所以愚者牌的零號，在此次解讀中更顯重要。

當我再把這兩張牌放在一起時，從圖像中看到了更多的解釋，愚者與倒吊人都不是「凡人」，他們都在用自己的方式突破自我界限，而且倒吊人把愚者的黃色背景擁入，成為自己的頭光，這可以解釋為「把外在的知識，轉化為內在智慧」的歷程。或許這就是我的生命歷程與這本書共同編織出來的故事，在世界中成為自己（倒吊人），並讓自己進入世界（愚者）。

—附錄— 偉特塔羅大祕牌彩圖

0. 愚者

2. 女祭司

1. 魔術師

4. 皇帝

3. 皇后

6. 戀人

5. 教皇

8. 力量

7. 戰車

10. 命運之輪

9. 隱士

12. 倒吊人

11. 正義

14. 節制

13. 死神

16. 高塔

15. 惡魔

18. 月亮

17. 星星

20. 審判

19. 太陽

21. 世界

心靈工坊 PsyGarden

Holistic 164

走向世界的愚者：
從坎伯英雄旅程解讀塔羅圖像，創造你的神話

Create Your Own Myth:
Reinterpreting Rider-Waite Tarot Through Campbell's Hero's Journey

王乙甯——著

出版者—心靈工坊文化事業股份有限公司
發行人—王浩威　總編輯—徐嘉俊
執行編輯—趙士尊　封面設計—鄭宇斌
內頁排版—龍虎電腦排版股份有限公司
通訊地址—10684 台北市大安區信義路四段 53 巷 8 號 2 樓
郵政劃撥—19546215　戶名—心靈工坊文化事業股份有限公司
電話—02）2702-9186　傳真—02）2702-9286
Email—service@psygarden.com.tw　網址—www.psygarden.com.tw

製版・印刷—彩峰造藝股份有限公司
總經銷—大和書報圖書股份有限公司
電話—02）8990-2588　傳真—02）2990-1658
通訊地址—248 新北市新莊區五工五路二號
初版一刷—2025 年 3 月　ISBN—978-986-357-4330　定價—380 元

國家圖書館出版品預行編目資料

走向世界的愚者 : 從坎伯英雄旅程解讀塔羅圖像 , 創造你的神話 / 王乙甯著 . -- 初版 .
-- 臺北市 : 心靈工坊文化事業股份有限公司 , 2025.03
面；　公分 . -- (Holistic ; 164)
ISBN 978-986-357-433-0（平裝）

1. CST: 占卜

292.96　　114002672

心靈工坊 PsyGarden 書香家族 讀友卡

感謝您購買心靈工坊的叢書，爲了加強對您的服務，請您詳填本卡，
直接投入郵筒（免貼郵票）或傳眞，我們會珍視您的意見，
並提供您最新的活動訊息，共同以書會友，追求身心靈的創意與成長。

書系編號—Holistic 164　書名—走向世界的愚者：從坎伯英雄旅程解讀塔羅圖像，創造你的神話

姓名　　是否已加入書香家族？ □是 □現在加入

電話 (O)　(H)　手機

E-mail　生日　年　月　日

地址 □□□

服務機構　職稱

您的性別—□1.女 □2.男 □3.其他

婚姻狀況—□1.未婚 □2.已婚 □3.離婚 □4.不婚 □5.同志 □6.喪偶 □7.分居

請問您如何得知這本書？

□1.書店 □2.報章雜誌 □3.廣播電視 □4.親友推介 □5.心靈工坊書訊
□6.廣告DM □7.心靈工坊網站 □8.其他網路媒體 □9.其他

您購買本書的方式？

□1.書店 □2.劃撥郵購 □3.團體訂購 □4.網路訂購 □5.其他

您對本書的意見？

□ 封面設計　1.須再改進 2.尙可 3.滿意 4.非常滿意
□ 版面編排　1.須再改進 2.尙可 3.滿意 4.非常滿意
□ 內容　1.須再改進 2.尙可 3.滿意 4.非常滿意
□ 文筆／翻譯　1.須再改進 2.尙可 3.滿意 4.非常滿意
□ 價格　1.須再改進 2.尙可 3.滿意 4.非常滿意

您對我們有何建議？

□本人同意＿＿＿＿＿＿（請簽名）提供（真實姓名/E-mail/地址/電話/年齡/等資料），以作為心靈工坊（聯絡/寄貨/加入會員/行銷/會員折扣/等之用，詳細內容請參閱http://shop.psygarden.com.tw/member_register.asp。

廣　告　回　信
台北郵政登記證
台北廣字第1143號
免　貼　郵　票

心靈工坊 PsyGarden

10684台北市信義路四段53巷8號2樓

讀者服務組　收

免　貼　郵　票

（對折線）

加入心靈工坊書香家族會員
共享知識的盛宴，成長的喜悅

請寄回這張回函卡（免貼郵票），

您就成爲心靈工坊的書香家族會員，您將可以——

⊙隨時收到新書出版和活動訊息

⊙獲得各項回饋和優惠方案